职业教育·城市轨道交通类专业教材

城市轨道交通应急处理
（第2版）

刘 奇 主 编

刘婷婷 魏仁辉 王鹏耀 副主编

贾拴航 主 审

人民交通出版社

北京

内 容 提 要

本书为职业教育·城市轨道交通类专业教材。全书共分为4个项目14个任务，主要内容包括：认识城市轨道交通运营突发事件应急处理，城市轨道交通运营生产突发事件应急处理，城市轨道交通火灾、公共安全与公共卫生突发事件应急处理，城市轨道交通恶劣天气与自然灾害应急处理。

本书为城市轨道交通运营管理专业及相关专业的核心教材，可供高职、中职院校教学选用，也可作为城市轨道交通行业培训用书，还可供行业从业人员自学参考。

图书在版编目（CIP）数据

城市轨道交通应急处理/刘奇主编. —2版. —北京：人民交通出版社股份有限公司,2024.5

ISBN 978-7-114-19324-8

Ⅰ.①城…　Ⅱ.①刘…　Ⅲ.①城市铁路—交通运输事故—处理　Ⅳ.①U239.5

中国国家版本馆 CIP 数据核字（2024）第 020426 号

职业教育·城市轨道交通类专业教材
Chengshi Guidao Jiaotong Yingji Chuli

书　　名：	**城市轨道交通应急处理**（第 2 版）
著 作 者：	刘　奇
责任编辑：	李　晴
责任校对：	孙国靖　刘　璇
责任印制：	刘高彤
出版发行：	人民交通出版社
地　　址：	（100011）北京市朝阳区安定门外外馆斜街 3 号
网　　址：	http://www.ccpcl.com.cn
销售电话：	（010）59757973
总 经 销：	人民交通出版社发行部
经　　销：	各地新华书店
印　　刷：	北京武英文博科技有限公司
开　　本：	787×1092　1/16
印　　张：	12
字　　数：	277 千
版　　次：	2015 年 1 月　第 1 版 2024 年 5 月　第 2 版
印　　次：	2024 年 5 月　第 2 版　第 1 次印刷　总第 11 次印刷
书　　号：	ISBN 978-7-114-19324-8
定　　价：	43.00 元

（有印刷、装订质量问题的图书，由本社负责调换）

第2版前言

　　随着城市轨道交通事业在我国蓬勃发展，城市轨道交通开通城市数量、运营里程和客流快速增长，城市轨道交通运营安全风险也持续增大，运营突发事件的社会关注度越来越高。对于运营过程中发生的各类突发事件，城市轨道交通运营从业人员需要及时、妥善应对，防止事态扩大升级，积极保障人民群众生命和财产安全。

　　《国务院办公厅关于保障城市轨道交通安全运行的意见》（国办发〔2018〕13号）明确要求"加强应急演练和救援力量建设，完善应急预案体系，提升应急处置能力"。这就需要城市轨道交通运营企业完善应急保障体系，科学编制应急预案，开展各项应急演练；线路运营各岗位人员要做好精细的应急准备，全面提升突发事件应急处置水平。

　　由于空间相对封闭且客流密集，城市轨道交通突发事件极易造成次生灾害，应急处置难度极大。应急管理的重点在于预防和准备，需要居安思危，控制各类风险，避免突发事件发生。一旦发生突发事件，运营人员需要运用平时通过应急演练获得的过硬本领，第一时间开展应急处置，最大限度减少灾害带来的损失。

　　本书按照城市轨道交通突发事件的分类归纳学习项目，根据《城市轨道交通运营突发事件应急演练管理办法》（交运规〔2019〕9号）提出的政府层面、运营单位重点演练和演练频次要求高的典型突发事件设计工作任务，旨在使学生能根据不同运营突发事件类型，针对具体的场所、设施设备等不同条件，熟练掌握应急处置流程、处置措施、安全注意事项等知识和技能。全书共分为4个项目14个任务，主要内容包括：认识城市轨道交通运营突发事件应急处理，城市轨道交通运营生产突发事件应急处理，城市轨道交通火灾、公共安全与公共卫生突发事件应急处理，城市轨道交通恶劣天气与自然灾害应急处理。本书由西安铁路职业技术学院刘奇编写项目一、项目二任务1和任务2；西安铁路职业技术学院刘婷婷编写项目二任务3、任务4；西安铁路职业技术学院魏仁辉编写项目三任务1、任务2；西安中咨轨道交通工程有限公司王鹏耀编写项目三任务3；西安铁路职业技术学院张军编写项目四任务1、任务3；重庆公共运输职业学院胡兴丽编写项目四任务2；西安市轨道交通集团有限公司贾拴航担任主审，对全书进行审阅。

本书为城市轨道交通运营管理专业及相关专业的核心教材，可供高职、中职院校教学选用，也可作为城市轨道交通行业培训用书，对于运营从业人员熟悉运营事件应急演练，指导一线应急管理相关工作有一定的参考价值，还可供相关政府管理部门参考。

鉴于编者水平有限，书中难免有疏漏之处，恳请读者提出宝贵意见。

编　者
2023 年 10 月

目录

项目四　**城市轨道交通恶劣天气与自然灾害应急处理**　/165

认识城市轨道交通运营突发事件应急处理

项目一

项目说明

　　本项目主要帮助学生建立城市轨道交通行业突发事件应急处理体系的基本概念，从国家对城市轨道交通相关突发事件的定义、分类、分级等出发，使学生学习、理解、掌握现阶段我国城市轨道交通运营突发事件应急的"一案三制"体系架构和运作模式。通过对应急管理法制、应急管理体制、应急管理机制和预案文件体系的教学，培养未来的城市轨道交通从业人员在运营突发事件应急应对和安全生产中的基本素质，形成良好的安全生产意识。

项目目标

1. 知识目标

（1）理解城市轨道交通运营突发事件的定义和国家相关政策。

（2）熟知城市轨道交通运营突发事件的分类和分级标准。

（3）了解我国应急管理体系的架构及"一案三制"。

（4）了解城市轨道交通行业应急管理的组织结构和应急预案体系。

（5）熟知城市轨道交通相关企业针对突发事件应急演练的方法。

2. 能力目标

（1）能正确分析我国城市轨道交通应急管理体系架构和运行模式。

（2）会熟练运用现有应急管理相关法律、法规及规范标准分析和判断突发事件的性质和特征。

（3）熟悉城市轨道交通运营企业应急预案体系和内容，有针对性地掌握应急演练的方法和环节，在教师的指导下初步掌握演练方案的编写。

（4）对城市轨道交通应急管理有一个完整的系统的认知，学会分析和解决突发事件应急处理中的常见问题。

3. 素养目标

（1）通过学习我国城市轨道交通应急管理体系，感受我国在应急管理中全民共治共享的制度优势，增强民族自豪感，体会行业发展的紧迫感，培养信念意识和服务意识。

（2）通过应急法律法规的学习，培养严谨的法律意识。

（3）系统学习城市轨道交通应急管理体系，强化高度责任担当意识。

（4）培养处理突发事件时，沉着冷静、临危不惧的工作态度和严谨务实、求实创新的个人品质。

建议学时

10 学时。

任务1 理解城市轨道交通运营突发事件

一、突发事件及城市轨道交通运营突发事件的定义

1. 突发事件的定义

《中华人民共和国突发事件应对法》总则第三条明确定义突发事件是指"突然发生，造成或者可能造成严重社会危害，需要采取应急处置措施予以应对的自然灾害、事故灾难、公共卫生事件和社会安全事件"。从定义可以看出，突发事件有几个特征：现实已发生或者肯定要发生；威胁人民生命与财产安全；发生、发展的速度很快，出乎意料，影响正常的社会秩序和节奏；难以应对，必须采取非常规方法来处理。

从成因来看，突发事件就是"天灾人祸"，如自然灾害，以及恐怖事件、社会冲突等。随着信息技术的迅速发展，以微博、微信、抖音、新闻客户端等为代表的平台和自媒体快速崛起，以互联网为主要载体快速传播的社会舆情也是需要关注的突发事件。

从交通运输部《城市轨道交通运营安全风险分级管控和隐患排查治理管理办法》（交运规〔2019〕7号）对安全风险分级管控的要求和安全风险管理理论"风险＝概率×严重性"的基本规律来看，我们研究突发事件，一方面需要对城市轨道交通运营过程中存在的安全生产风险点进行辨识、评估，确定风险等级，采取相应管控措施，降低突发事件发生的概率；另一方面需要掌握突发事件发生、发展的基本规律，编制监控方案和专项应急措施，并对重大风险影响区域的相关人员组织开展安全防范、应急逃生避险和应急处置等的宣传、培训和演练，从而在突发事件发生时，快速干预突发事件进程，减少事件造成的损失，规避次生衍生灾害影响。

> **□ 知识拓展**
>
> 请查阅、学习《城市轨道交通运营安全风险分级管控和隐患排查治理管理办法》。

2. 城市轨道交通运营突发事件的定义

根据《国家城市轨道交通运营突发事件应急预案》（国办函〔2015〕32号）和《城市轨道交通运营突发事件应急预案编制规范》（JT/T 1051—2016），城市轨道交通运营突发事件的定义为"城市轨道交通运营过程中发生的因列车撞击、脱轨，设施设备故障、损毁，以及大客流等情况，造成人员伤亡、行车中断、财产损失的突发事件"。同时规定，在这个特定定义范围之外的"因地震、洪涝、气象灾害等自然灾害和恐怖袭击、刑事案件等社会安全事件以及其他因素影响或可能影响城市轨道交通正常运营"等非城市轨道交通特有的突发事件，明确按照"国家相关预案执行"进行衔接，但是监测

预警、信息报告、应急响应、后期处置等相关应对工作仍然按照城市轨道交通运营突发事件规定处理。

📖 **知识拓展**

请查阅、学习《国家城市轨道交通运营突发事件应急预案》和《城市轨道交通运营突发事件应急预案编制规范》（JT/T 1051—2016）。

📖 **案例分析**

国内外部分典型城市轨道交通运营突发事件回顾

1. 事件概况

1975 年 2 月 28 日，英国伦敦北城线的地下隧道内，因司机未及时刹车，列车高速撞上混凝土墙，造成了 43 人死亡，74 人受伤。

1995 年 3 月 20 日，日本东京的营团地下铁（东京地下铁）三线共五列列车上发生恐怖袭击人员释放沙林毒气事件，造成 13 人死亡及逾 5510 人受伤（图 1-1-1）。

2001 年 9 月 17 日，受第 16 号台风百合登陆影响，台北市大部分地区遭受水淹，交通瘫痪。地铁板南线、淡水线、

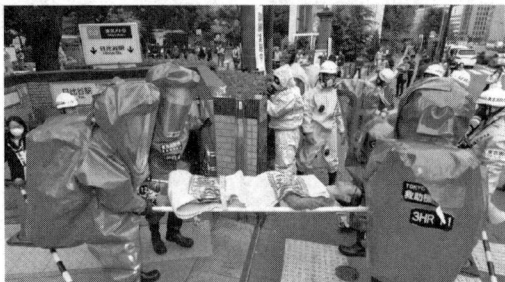

图 1-1-1　东京地下铁沙林毒气袭击

中和线、新店线等，因遭水淹而停止营业 6 个月，数十万人出行不便。

2011 年 9 月 27 日，上海地铁 10 号线新天地站设备故障，临时采用人工调度，导致两列车追尾相撞，284 人受伤，其中 20 人重伤。

2016 年 3 月 22 日，比利时布鲁塞尔距离欧盟总部 200m 左右的马尔贝克地铁站发生连环爆炸，造成 20 人死亡，106 人受伤。

2. 案例评析

城市轨道交通是城市公共交通的重要组成部分，具有系统庞大、技术复杂度高、客运环境封闭、客流聚集、运转强度大、网络化运营等特点，突发事件可能在系统中任何一个薄弱的风险点发生，在这样的环境下，城市轨道交通系统一旦发生突发事件，其明显表征就是影响大、不确定性高、综合性强、回旋余地小，极有可能造成群死群伤和严重财产损失。

二、城市轨道交通运营突发事件分级及预警

2015 年 4 月 30 日，国务院印发《国家城市轨道交通运营突发事件应急预案》，按照

事件严重性和受影响程度将城市轨道交通运营突发事件分为特别重大、重大、较大和一般四级，并明确了划分标准和各级响应的责任主体。对于初判发生特别重大、重大运营突发事件，应分别启动Ⅰ级、Ⅱ级应急响应，由事发地省级人民政府负责应对工作；初判发生较大、一般运营突发事件，应分别启动Ⅲ级、Ⅳ级应急响应，由事发地城市人民政府负责应对工作。对跨城市运营的城市轨道交通线路，还要求建立跨区域运营突发事件应急合作机制，并明确各级应急响应的责任主体。

城市轨道交通运营突发事件分级标准如下。

（1）特别重大运营突发事件：造成30人以上死亡，或者100人以上重伤，或者直接经济损失1亿元以上的。

（2）重大运营突发事件：造成10人以上30人以下死亡，或者50人以上100人以下重伤，或者直接经济损失5000万元以上1亿元以下，或者连续中断行车24h以上的。

（3）较大运营突发事件：造成3人以上10人以下死亡，或者10人以上50人以下重伤，或者直接经济损失1000万元以上5000万元以下，或者连续中断行车6h以上24h以下的。

（4）一般运营突发事件：造成3人以下死亡，或者10人以下重伤，或者直接经济损失50万元以上1000万元以下，或者连续中断行车2h以上6h以下的。

上述分级标准有关数量的表述中，"以上"含本数，"以下"不含本数。

除《国家城市轨道交通运营突发事件应急预案》规定的分级标准之外，各地方政府针对城市轨道交通运营突发事件在国家标准的基础上增加的相关条款，地方城市轨道交通运营企业也需要遵照执行。

根据《国家突发公共事件总体应急预案》对可能发生和可以预警的突发公共事件进行预警的分级规定，城市轨道交通运营突发事件应对预警级别依据可能造成的危害程度、紧急程度和发展势态分为Ⅰ级、Ⅱ级、Ⅲ级、Ⅳ级四个预警等级，依次用红色、橙色、黄色和蓝色表示。

Ⅰ级预警：预计将要发生Ⅰ级响应以上城市轨道交通运营突发事件，事件会随时发生，事态正在不断蔓延。

Ⅱ级预警：预计将要发生Ⅱ级响应以上城市轨道交通运营突发事件，事件即将发生，事态正在逐步扩大。

Ⅲ级预警：预计将要发生Ⅲ级响应以上城市轨道交通运营突发事件，事件已经临近，事态有扩大的趋势。

Ⅳ级预警：预计将要发生Ⅳ级响应以上城市轨道交通运营突发事件，事件即将临近，事态可能会扩大。

根据事态的发展和处置情况，预警信息发布部门应按照发布程序视情况对预警级别做出相应的调整或解除。预警信息应包括突发公共事件的类别、预警级别、起始时间、可能影响范围、警示事项、应采取的措施和发布机关等。

我国城市轨道交通运营企业根据自身情况，按照突发事件的可控性、严重程度和影响范围有针对性地制定企业内部适用的突发事件响应分级标准和响应条件，按照不同条件分层级响应执行应急预案。

三、城市轨道交通运营突发事件分类

根据《中华人民共和国突发事件应对法》和《国家突发公共事件总体应急预案》对突发事件的分类，目前我国将突发事件分为自然灾害、事故灾难、公共卫生事件和社会安全事件等四类。

（1）自然灾害是指那些由自然原因导致的灾害或突发事件，如地震、台风、洪涝、酷热或寒冷等。

（2）事故灾难是指在人们生产、生活过程中发生的，直接由人的生产、生活活动引发的，违反人们意志的、迫使活动暂时或永久停止，并且造成大量的人员伤亡、经济损失或环境污染的意外事件，如车祸、设施设备故障、化学品泄漏等。

（3）公共卫生事件是指突然发生，造成或者可能造成社会公众健康严重损害的重大传染病疫情、群体性不明原因疾病、重大食物和职业中毒以及其他严重影响公众健康的事件，如传染病疫情、集体食物中毒等。

（4）社会安全事件是指由人们主观意愿产生，危及社会安全的突发事件，如治安事件、金融安全事件、社会舆情事件等。

根据《城市轨道交通运营突发事件应急演练管理办法》（交运规〔2019〕9号），城市轨道交通运营突发事件主要有以下几类：

（1）列车脱轨、撞击、冲突、挤岔。

（2）土建结构病害、轨道线路故障。

（3）异物侵限、车站及线路淹水倒灌。

（4）车辆故障、供电中断、通信中断、信号系统故障。

（5）突发大客流、客伤。

（6）列车、车站公共区、区间及主要设备房等区域火灾。

（7）网络安全事件。

近年来，我国城市轨道交通行业发生了巨大变化，运营规模迅速扩大，客运量迅速增加，网络化效应愈发明显，国家应急管理法规体系也在不断完善，国内一些城市轨道交通运营企业，按照新标准、新规范的要求及方便统一管理和处置的思路，将城市轨道交通运营突发事件进行明确细分和归纳。

🔲 知识拓展

广州地铁轨道交通运营突发事件分类

广州地铁轨道交通运营突发事件分类见表1-1-1。

广州地铁轨道交通运营突发事件分类　　　　　　　表 1-1-1

Ⅰ级类别	Ⅱ级类别	Ⅲ级类别
自然灾害	台风	—
	暴雨	—
	大雾、灰霾	—
	冰雹、道路结冰	—
	寒冷	—
	高温	—
	地震	—
	其他	车站防洪抢险等
事故灾难	车辆故障	1. 车辆轮轴卡死；2. 车辆脱轨；3. 车辆事故；4. 高架线路事故
	线路及附属设备故障	1. 道岔故障；2. 线路挤岔事故；3. 轨道故障；4. 道床故障；5. 感应板变形或松动；6. 桥隧变形；7. 隧道结构裂损；8. 故障建筑结构漏水；9. 爆水管；10. 钢轨铝热焊焊接失败；11. 钢轨伤损及折断；12. 高温胀轨
	通信设备故障	1. 临时有线/无线电话故障；2. SDH 网故障；3. OTN 网故障；4. 通信 UPS 供电中断；5. 无线设备瘫痪；6. 有线调度系统中断、调度交换机瘫痪
	信号设备故障	1. 正线道岔故障；2. 信号联锁故障；3. 轨旁 ATP 故障；4. 联锁站 STC 故障；5. 信号 VCC 故障；6. 信号 STC 故障；7. 信号 SMC 故障；8. 电源故障；9. SICAS 故障
	AFC 系统设备故障	1. 车站级设备（包括闸机、自动售票机、半自动售票机）重大故障；2. 车站计算机系统重大故障；3. ES 重大故障；4. 计算机病毒入侵；5. 消防事故；6. 突发事件
	机电设备故障	1. 区间泵房故障；2. 区间消防水管爆管；3. 区间冷冻水管爆管；4. 屏蔽门故障；5. 防淹门故障；6. 电梯故障；7. 给排水及水消防设备故障；8. 事故照明应急电源装置故障；9. 环控设备故障；10. 楼梯升降机故障
	供电设备故障	1. 主变电站故障；2. 牵引所故障；3. 弓网关系故障；4. 接地故障；5. 拉弧故障；6. 变电设备故障；7. 接触轨故障；8. 柔性接触网事故；9. 刚性接触网事故；10. 接触网故障
	其他紧急情况	1. 恢复 OCC 使用；2. 车站大面积停电
公共卫生事件	传染病	
	毒气	
	放射性污染	
	其他	有毒动物、昆虫进入车站等

续上表

Ⅰ级类别	Ⅱ级类别	Ⅲ级类别
社会安全事件	恐怖袭击	1. 车站遭受恐怖袭击；2. 毒气袭击；3. 发现可疑物品；4. 可燃气液体泄漏；5. ATP 失效时有人劫车；6. 劫持人质事件
	有人/动物进入区间	—
	人潮	1. 可预见性人潮（上、下班高峰）；2. 可预见性人潮（节假日及重大活动）；3. 突发性人潮；4. OCC 启动或停止应急公交接驳
	火灾	1. 站台火灾；2. 站厅火灾；3. 车站设备区火灾；4. 车站设备房火灾；5. 列车火灾；6. 隧道火灾
	乘客事件	1. 客车撞人/压人；2. 屏蔽门与车门间滞留乘客；3. 门禁困人；4. 区间乘客疏散；5. OCC 紧急疏散；6. 乘客打架或受伤
	其他	列车服务延误等

注：SDH-Synchronous Digital Hierarchy，同步数字系统；OTN-Optical Transport Network，光传送网络；UPS-Uninterruptible Power System/Uninterruptible Power Supply，不间断电源；ATP-Automatic Train Protection，列车自动防护系统；STC-Train Reception and Departure Safety Control System for Station，车站接发列车程序安全控制及记录系统；VCC-Vehicle Control Centre，车辆控制中心；SMC-System Management Centre，系统管理中心；SICAS-Siemens Computer Aided Signaling，西门子计算机辅助信号系统；AFC-Automatic Fare Collection，自动售检票系统；ES-Elis System，车票编码/分拣机；OCC-Operation Control Centre，运行控制中心。

❓ 学习与思考

根据《中华人民共和国突发事件应对法》《国家城市轨道交通运营突发事件应急预案》，我们如何对城市轨道交通运营突发事件进行分类和分级？

四、城市轨道交通运营突发事件的特征

城市轨道交通因其自身半封闭的空间特点、公共场所属性、人员和设备密集状况，所发生的突发事件具有如下特征：突发性、公共性、危害性、不确定性、紧迫性、社会性。

1）突发性

突发性是指城市轨道交通运营突发事件通过偶然的契机，以偶然的形式突然发生，没有预警，处置难度大。这种突发性表明突发事件的爆发偶然性更强，几乎不具备发生前兆或者征兆不明显，且难以完全预测预警。另外，突发事件要求人们必须在极短的时间内对突发事件发生的具体时间、实际规模、具体态势和影响做深度分析、判断。突发事件没有及时处理或处置不当，就会造成一定的财产损失和人员伤亡。

2）公共性

城市轨道交通运营突发事件的公共性首先体现在事件涉及公共利益，即对公共财产、公共安全、公共秩序产生影响。在高度复杂、快速变化的现代社会，普通的突发事件如果

不及时处置或处置不当，当其达到一定数量或规模时就会发生质变，从而成为一种损害公共利益的公共事件，就有可能演变为非常态的突发公共事件甚至紧急事件。另外，在应对和处置城市轨道交通运营突发事件时，需要调动和整合全社会的人力、物力，即政府部门间的协调和配合、政府与社会组织及公民个人的合作与沟通。

3）危害性

无论何种性质和规模的突发事件，都必然不同程度地给国家造成政治、经济、文化等方面的损失和破坏，给人民带来生命、财产或精神上的损失和损害。这种危害性不仅体现在人员的伤亡、组织的消失、财产的损失和环境的破坏上，而且体现在突发事件对社会心理和个人心理所造成的破坏性冲击，进而渗透社会生活的各个层面，并产生社会后遗症。如城市轨道交通运营突发事件导致公众对政府部门管理社会的能力及其管理体制和方式产生怀疑，损害政府形象。因此，城市轨道交通运营企业处置突发事件最基本的原则就是力求在可能的范围内，最大限度地控制突发事件的发生、发展，将其危害降到最低。

4）不确定性

不确定性除了指城市轨道交通运营突发事件的发生不确定外，还指突发事件发展的不确定，以及突发事件的后果和严重程度不确定。城市轨道交通运营突发事件的发生、发展是一个不断变化的动态过程。突发事件发生后，事态的变化、发展趋势以及事件影响的深度和广度无法事先描述和确定，是难以预测的。特别是在当今复杂化和信息化的社会，这种连锁反应带来的一个直接后果就是突发事件变得复杂化，已经超出纯粹的经济、政治和文化内容，变成一种综合性的社会危机。城市轨道交通运营突发事件的这种特点加大了人们处置突发事件的难度。

5）紧迫性

紧迫性是指城市轨道交通运营突发事件所反映的问题极端重要，关系到社会、组织或个人的安危，需采取特别、及时、有效的处置措施。随着突发事件的发展、演变，突发事件所造成的损失可能会越来越大。因此，城市轨道交通运营突发事件的应急响应越快、响应决策越准确，突发事件所造成的损失就会越小。在突发事件中，时间非常紧迫，对时间的把握度很大程度上决定了突发事件管理的有效性。

6）社会性

城市轨道交通和人们的社会、经济生活密切相关。突发事件一旦发生，势必对社会、经济产生影响。一方面会对社会和经济造成一定的损失，另一方面会对社会系统的法律法规、技术规范、经验认识、行为准则等产生影响，从而推动社会和轨道交通行业基本架构的发展。

📖 案例分析

城市轨道交通群体恐慌事件

1. 事件概况

2014年3月4日，某市地铁5号线列车行至某站区间，车尾两男子喷出刺激性气体，导致乘客惊慌失措冲向车头，其间发生踩踏，造成至少8人不同程度受伤，行李散落一地（图1-1-2）。

2014年6月7日，某市地铁3号线列车到达某站时，一名乘客突然晕倒，大量乘客陷入恐慌并往外涌，结果造成6名乘客擦伤。

2014年6月15日，某市地铁1号线，一名乘客不慎打翻杨梅汁，红色杨梅汁引起其他乘客恐慌，在车厢奔跑，并形成谣言在网上传播。

2. 案例评析

国内外地铁多次因各种普通事件而引发恐慌，发生踩踏事件。城市轨道交通运营突发事件的不确定性不但对人

图 1-1-2 某市地铁不明气体引发严重的恐慌踩踏事件

民生命与财产造成威胁，也产生了严重的社会负面影响。因此，城市轨道交通运营突发事件的不确定性已经成为城市轨道交通运营企业目前极为重视的一个方面。

地铁内部环境复杂，一旦发生突发事件，人员的应急疏散与地面应急疏散存在较大差别，而且容易受个体因素和环境因素影响，极易产生恐慌心理，从而导致行为混乱，甚至会发生拥挤踩踏等恶性事故。一旦发生踩踏事故，人群聚集，视线不良，个体接收到的错误信息或信息缺失会导致客流停滞、疏散路径阻塞，使乘客变得急躁和绝望，将会使得事态进一步恶化。

因此，一旦发生恐慌事件，车站应充分利用广播系统、扩音设备、指示标志等信息传播手段，及时、准确发布诱导信息、疏散通道、安全出口、警示信息等，进行客流的分流和疏导。车站、列车广播要内容一致，保持同步，防止事态进一步扩大。广播应做到连续、及时、正确。要利用一切有效手段快速疏散事故现场人员，迅速打开全部安全出口，保持安全通道畅通，打开应急照明系统，保证疏散通道照明亮度，让乘客尽快疏散到安全地点，禁止无关人员滞留现场，防止有人故意营造恐慌氛围，避免发生踩踏事故。

五、城市轨道交通运营突发事件处理原则

《国家突发公共事件总体应急预案》针对应急管理提出了六项工作原则，即"以人为本，减少危害；居安思危，预防为主；统一领导，分级负责；依法规范，加强管理；快速反应，协同应对；依靠科技，提高素质"。结合城市轨道交通行业特性，《国家城市轨道交通运营突发事件应急预案》提出城市轨道交通运营突发事件处理应坚持"统一领导、属地负责，条块结合、协调联动，快速反应、科学处置"的原则。

《国家城市轨道交通运营突发事件应急预案》提出的原则进一步明确了城市轨道交通运营过程中国家及地方层面的职责。国家层面规定交通运输部负责运营突发事件应对

工作的指导协调和监督管理，必要时成立国务院工作组和国家城市轨道交通应急指挥部，统一领导、协调和指挥应急处置工作。地方层面规定城市及以上地方各级人民政府负责运营突发事件的应对工作，明确运营单位是运营突发事件应对的责任主体，并要求根据需要成立现场指挥部、专家组，负责运营突发事件现场具体指挥工作，并由专家组提供技术支持。

? 学习与思考

请结合城市轨道交通运营突发事件的特点，理解并落实《国家城市轨道交通运营突发事件应急预案》提出的城市轨道交通运营突发事件处理原则。

技能工作页　班组学习应急管理体系相关文件

一、岗位分组

技能训练任务实施过程中，采用班组轮值制度。学生轮流扮演值班站长、行车值班员、客运值班员、站务员等角色，每个组员都有锻炼组织协调、班组管理、考核评价、总结汇报等能力的机会。通过小组协作，培养学生团结合作、互帮互助精神和协同攻关能力。

本次任务为车站班组文件学习。各小组可以结合熟悉的车站名称确定组名，积极融入企业元素。分工要求详见表1-1-2。

任务分组表　　　　　　　　　　表1-1-2

组号		组名（车站名）	
组训			
团队成员	学号	角色指派	岗位职责
		值班站长	组织学习国务院、交通运输部等发布的应急管理相关文件
		行车值班员	对班组成员学习情况进行考核
		客运值班员	协助值班站长完成行业、省、市、企业等应急管理相关文件学习
		站务员1	学习文件并完成考核
		站务员2	学习文件并完成考核
		……	……

二、文件依据

经过各级各类法律法规等文件的学习，请各组同学依据表1-1-3中的文件名称，查找相关文件，充分理解文件相关条款。

应急管理相关法律法规文件依据　　　　　表1-1-3

文件名称	文号/标准号	任务相关文件内容学习
《中华人民共和国突发事件应对法》	中华人民共和国主席令第六十九号	突发事件定义
		突发事件特征
		突发事件分级标准
		突发事件预警级别及颜色标识
		突发事件分类

续上表

文件名称	文号/标准号	任务相关文件内容学习
《国家城市轨道交通运营突发事件应急预案》	国办函〔2015〕32 号	城市轨道交通运营突发事件定义
		城市轨道交通运营突发事件分级标准
		城市轨道交通运营突发事件响应级别
		城市轨道交通运营突发事件处理原则
《城市轨道交通运营管理规定》	交通运输部令 2018 年第 8 号	应急处置的"八条要求"
《城市轨道交通运营安全风险分级管控和隐患排查治理管理办法》	交运规〔2019〕7 号	风险分级管控工作环节

技能工作页

三、引导问题

1. 认识突发事件

（1）突发事件是如何定义的？

（2）我国对突发事件是如何分级的？分级的作用是什么？

2. 熟悉城市轨道交通运营突发事件的特征及处理原则

（1）城市轨道交通运营突发事件的主要特征是什么？

（2）针对城市轨道交通运营突发事件，处理的原则是什么？

3. 比较安全风险管控和应急处理的区别

（1）什么叫安全风险管控？风险管控计算公式的本质是什么？

（2）结合安全风险管控的内涵，说明城市轨道交通企业安全风险管控和应急处理分别应做哪些工作？

四、工作布置（任务布置）

（1）学习《中华人民共和国突发事件应对法》。

（2）学习《国家城市轨道交通运营突发事件应急预案》。

（3）学习《城市轨道交通运营管理规定》。

（4）学习《城市轨道交通运营安全风险分级管控和隐患排查治理管理办法》。

五、实施记录（观察清单）

由各组值班站长带领小组同学学习宣贯上述文件，填写表 1-1-4。

文件宣贯学习记录表　　　　　　　　　　　　表 1-1-4

学习部门		学习时间	
学习目的			
参加人员			
学习内容			

文件编号	文件名称	版次	生效日期
……	……	……	……
文件学习思考			

六、评估报告

各组介绍任务完成情况并提交相关材料，进行小组自评、组间互评、教师评价，完成考核评价表 1-1-5。

考核评价表　　　　　　　　　　　　　　　　　　　　　　表 1-1-5

序号	评价项目	评价内容	分值	自评（30%）	互评（30%）	教评（40%）	合计
1	职业素养	分工合理，制订计划能力强，严谨认真	5				
		爱岗敬业、安全意识、责任意识、服从意识	5				
		团队合作、交流沟通、互相协作、分享能力	5				
		遵循国家文件要求和行业规范	5				
		主动性强，保质保量完成工作页相关任务	5				
		能采取多样化手段收集信息、解决问题	5				
2	专业能力	熟悉国家、部门、行业应急管理相关法律法规及文件	10				
		能清晰界定安全风险领域与应急管理领域的范围	5				
		掌握城市轨道交通运营突发事件的定义、分类、分级标准	5				
		应急管理知识融会贯通，达到考核要求	40				

续上表

序号	评价项目	评价内容	分值	自评（30%）	互评（30%）	教评（40%）	合计
3	创新意识	能主动查阅应急管理相关文献及信息	5				
		对城市轨道交通运营突发事件进行简单分析	5				
合计			100				
评价人				评价时间			

技能工作页

任务2　理解城市轨道交通应急管理

一、城市轨道交通应急管理体系

以 2003 年"非典"事件为起点，我国开始全面建设以"一案三制"为主要内容的中国特色应急管理体系。"一案"为国家自上而下的突发公共事件应急预案体系，"三制"为应急管理体制、运行机制和法制。应急管理体制主要指建立健全集中统一、坚强有力、政令畅通的指挥机构；运行机制主要指建立健全监测预警机制、应急信息报告机制、应急决策和协调机制；法制主要指通过依法行政，努力使突发公共事件的应急处置逐步走上规范化、制度化和法治化轨道。

随着《中华人民共和国突发事件应对法》在 2007 年的颁布实施，以预案、体制、机制和法制为核心的"一案三制"应急管理体系逐步形成，为保障我国人民生命与财产安全、维护社会安全稳定提供了基本的制度保障。应急政策层面的"一案三制"现代应急管理综合化理论将危机、灾害、事故等词汇统一定义为"突发事件"，危机管理、灾害管理、事故安全管理统一定义为"应急管理"。

根据国家建设应急管理"一案三制"体系横向到边、纵向到底的要求和"居安思危，预防为主"的应急管理指导方针，城市轨道交通主管部门和城市轨道交通运营单位针对突发事件的前后过程，通过建立必要应对机制和具体的措施，形成一套有效的预警-预防-控制-处理-恢复-评估的应急管理体系，确保应急组织指挥统一顺畅，处置及时妥善，最大限度地减少人员伤亡和财产损失。作为一个涵盖城市轨道交通运营突发事件全过程的系统工程，城市轨道交通应急管理需要注重监测预警、事件预防、应急处置、事后恢复、总结评估等每一个具体环节。

城市轨道交通的应急预案作为应急处置的行动纲领，目的是防患于未然。对可能发生的突发事件进行分析，针对不同类型事件特征，制订具有先见性的方案与计划，要求必须具备较强的可操作性。应急预案体系包括总体预案、现场预案、专项预案，不同预案的制订、编制要求和重点会有所不同。城市轨道交通应急管理体制是指建立政府为主导、城市轨道交通运营企业为主体的专门应急组织和指挥机构，对应急工作进行协调与管理。城市轨道交通应急管理运行机制是指涵盖突发事件前后过程中的各个环节，设定的突发事件预警机制、信息共享机制、应急决策机制、协调执行机制、评估机制等应急机制。城市轨道交通应急管理法制指的是城市轨道交通运营突发事件应急管理过程中遵循和依据的相关规章制度、法律法规。"一案三制"是一个有机的整体，应急法制是应急体制的基础保障，应急体制依靠应急机制予以管理和实施，应急预案是应急机制程序化、制度化的具体表现。

> **？ 学习与思考**
>
> 请说明我国突发事件应急管理体系"一案三制"的含义和内在关系。

知识拓展

我国应急管理体系建设大事记

1989年4月，我国成立中国国际减灾十年委员会。

2000年10月，中国国际减灾十年委员会更名为中国国际减灾委员会。

2003年，"非典"疫情应对期间初步建立应急信息报告制度。

2003—2004年，我国先后发生多起惨痛的矿难、井喷等特别重大事故，安全与超负荷生产之间的矛盾尖锐，应急管理体系建设迫在眉睫。

2003年10月，党的十六届三中全会强调要建立健全各种预警和应急机制，提高政府应对突发事件和风险的能力。2003年成为中国全面加强应急管理研究的起步之年。

2004年9月，党的十六届四中全会提出关于建立健全社会预警体系，形成统一指挥、功能齐全、反应灵敏、运转高效的应急机制，提高保障公共安全和处置突发事件的能力的要求。

2005年，国务院办公厅设置国务院应急管理办公室（简称应急办），随后，省（区、市）、地级市和县级市政府也在办公厅（室）内部设立应急办。应急办开始以"一案三制"建设为核心，初步确立综合性应急管理制度。

2005年2月，国务院组建国家安全生产监督管理总局。

2006年1月，作为国家预案体系的总体预案《国家突发公共事件总体应急预案》发布，随后总体应急预案、专项应急预案、部门应急预案、地方应急预案、企事业单位应急预案五个层次的"纵向到底、横向到边"应急预案体系逐年逐步建设起来。

2006年10月，党的十六届六中全会通过《中共中央关于构建社会主义和谐社会若干重大问题的决定》（中发〔2006〕19号），正式提出了我国按照"一案三制"的总体要求建设应急管理体系。由此，我国基本完成了应急管理体系框架的蓝图设计工作，以"一案三制"（应急预案、应急体制、应急机制、应急法制）为框架的综合应急管理体系初见端倪。

2007年8月，《中华人民共和国突发事件应对法》公布，以预案、体制、机制和法制为核心的"一案三制"应急管理体系初步形成。

2008年初，我国南方雨雪冰冻，同年5月汶川地震，我国初步形成的应急管理体系迎来大考。

2013—2018年，国家开始重构应急管理体系，建立国家安全委员会，修订国家应急预案，实行应急管理党政同责制度。

2018年3月，中华人民共和国应急管理部成立，国家安全生产监督管理总局等机构职责整合并入，形成统一综合的应急管理体制。

2019年2月，《生产安全事故应急条例》公布，安全生产应急管理立法工作取得重要进展。

二、城市轨道交通的应急预案建设

预案是应急管理体系建设的龙头，是"一案三制"的起点。预案具有纲领性和指南性作用，是应急方针和应急理念的载体，是整个应急教育、预防、引导、实施等应急管理工作的直接抓手。制订预案，实质上是把非常态的突发事件中隐性的常态因素和规律显性化，也就是对历史经验中带有规律性的做法进行总结、概括和提炼，形成有约束力的制度性条文。启动和执行预案，就是将制度化的内在规定性转为实践中的外化的确定性。预案为应急指挥和救援人员在紧急情况下行使权力、实施行动的方式和重点提供了导向，可以降低因突发事件的不确定性而失去对关键时机、关键环节的把握或浪费应急资源的概率。

应急预案就是将"无备"变为"有备"，提高应急组织处置突发事件的能力，最大限度地预防和减少突发事件及其造成的损害甚至衍生次生灾害。自2003年起，我国逐渐建立了"纵向到底、横向到边"的应急预案体系，纵向贯通行政和各类组织层级，横向覆盖行政和社会各个层面，并构建了全国应急预案体系的总纲，颁布《国家突发公共事件总体应急预案》，明确了各类突发公共事件分级分类和预案框架体系，规定了国务院应对特别重大突发公共事件的组织体系、工作机制等内容。在总体预案的框架下，针对不同类型突发事件，国家颁布了《国家自然灾害救助应急预案》（国办函〔2016〕25号）、《国家突发公共卫生事件应急预案》、《国家安全生产事故灾难应急预案》等一系列专项应急预案。

📖 知识拓展

国家层面城市轨道交通运营突发事件应急预案

为做好城市地铁事故灾难的防范与处置工作，保证及时、有序、高效、妥善地处置城市地铁事故灾难，最大限度地减少人员伤亡和财产损失，维护社会稳定，支持和保障经济发展，2006年1月23日国务院颁布并实施《国家处置城市地铁事故灾难应急预案》。针对我国应急管理法规不断完善和城市轨道交通发展形势，2015年4月30日国务院办公厅对《国家处置城市地铁事故灾难应急预案》重新修订，并更名为《国家城市轨道交通运营突发事件应急预案》，将"城市地铁"范围扩大为"城市轨道交通"，涵盖"地铁系统、轻轨系统、单轨系统、有轨电车、磁浮系统、自动导向轨道交通系统、市域快速轨道系统"。该预案分为总则、组织指挥体系、监测预警和信息报告、应急响应、后期处置、保障措施、附则7个部分。2018年3月27日，交通运输部发布了《交通运输综合应急预案》（交应急发〔2017〕135号），对城市轨道交通运营突发事件的预防预警、新闻发布和相关保障也作了明确规定。

国内部分地区城市轨道交通运营突发事件应急预案

按照"纵向到底"的原则，各级政府出台并建设各地的城市轨道交通系统应急预案体系，如《广东省城市轨道交通运营突发事件应急预案》《西安市城市轨道交通运营突发事件应急预案（2022年修订版)》《上海市轨道交通运营突发事件应急预案（2020版)》《青岛市突发事件应急预案管理办法》等，用于指导地方城市轨道交通企业的应急处置、资源调配等相关工作。各城市轨道交通运营单位按照有关法规要求建立运营突发事件应急预案体系，制订综合应急预案、专项应急预案和现场处置方案，从而构建一套完整的轨道交通运营企业的应急预案体系。

国家和地方、部门和企业通过"横向到边、纵向到底"全面全过程参与应急预案体系的建设，充分发挥城市轨道交通应急预案在应急管理体系中重要的基础性作用。

关于各地的城市轨道交通系统应急预案，可查阅《广东省城市轨道交通运营突发事件应急预案》《西安市城市轨道交通运营突发事件应急预案（2022年修订版)》《上海市轨道交通运营突发事件应急预案（2020版)》《青岛市突发事件应急预案管理办法》进行深入学习。

三、城市轨道交通的应急管理体制建设

《中华人民共和国突发事件应对法》明确规定：国家建立统一领导、综合协调、分类管理、分级负责、属地管理为主的应急管理体制。依据我国国情，应急管理体制主要包括应急指挥机构、社会动员体系、领导责任制度、专业救援队伍和专家咨询队伍等。

2003年，我国应急管理体制开始建设，国务院机构改革中国家安全生产监督管理局从国家经贸委中独立出来，成为国务院直属机构。2005年，国家安全生产监督管理局升格为国家安全生产监督管理总局，规格为正部级。2006年，在国务院办公厅内部以总值班室为基础设立国务院应急管理办公室，全面履行政府应急管理职能。2018年3月，根据第十三届全国人民代表大会第一次会议批准的国务院机构改革方案，中华人民共和国应急管理部设立，国家安全生产监督管理总局和其他部委、部队应急职能部门并入应急管理部，解决应急管理中由于过度分工导致的管理职能"碎片化"问题，实现了机构和职能的有机统一。

按照我国目前应急管理主管主体由应急主管部门和行业主管部门共同负责的模式来看，城市轨道交通行业主管工作主要由两个部门负责，城市轨道交通建设的监督管理由住房建设行政主管部门负责，城市轨道交通运营的监督管理由交通运输行政主管部门负责。

在国家层面上，由交通运输部负责城市轨道交通运营突发事件应对工作的指导协调和监督管理，负责监管、指导、协调、支持地方人民政府开展城市轨道交通运营突发事件应对工作。必要时，由国务院或国务院授权交通运输部成立国家城市轨道交通应急指挥部，统一领导、组织和指挥运营突发事件应急处置工作。

城市轨道交通所在地城市及以上地方各级人民政府负责本行政区域内城市轨道交通运营突发事件应对工作，明确相应组织指挥机构，呈现"平战结合特点"。未发生突发事件时（"平时"），住建、交通、消防、公安、卫生、新闻等有关部门按照职责分工，分类管理，密切配合，接受垂直领导；发生突发事件后（"战时"），这些联动部门包括城市轨道

交通运营企业在内，共同接受临时启动的应急指挥部领导，共同做好运营突发事件的应对工作。负责运营突发事件处置的地方人民政府根据需要成立现场指挥部，负责现场组织指挥工作，参与现场处置的有关单位和人员服从现场指挥部的统一领导，形成整体应急合力。图1-2-1为地铁应急救援队伍和"龙吸水"应急抢险排水车。

图1-2-1　地铁应急救援队伍和"龙吸水"应急抢险排水车

城市轨道交通运营企业是运营突发事件应对工作的责任主体，在企业内部应建立自己的应急指挥体制机制；针对可能发生的运营突发事件完善应急预案体系；建立与相关单位的信息共享和应急联动机制；组建全面专业的应急救援队伍，储备必要的应急物资，具备完善的应急值守和报告制度。近年来，不少城市轨道交通运营企业致力于提高发生突发事件时的快速响应、科学决策、联动指挥与及时处理的能力，相继成立城市轨道交通应急指挥机构，利用信息化技术，构建支持跨部门、跨区域、跨行业的联合救援行动的应急管理平台。

各级组织指挥机构及运营单位根据需要设立运营突发事件处置专家组，由线路、轨道、结构工程、车辆、供电、通信、信号、环境与设备监控、运输组织等方面的专家组成，为运营突发事件处置工作提供技术支持。

城市轨道交通应急组织机构是由参与突发事件应急指挥、协调和处置过程的有关人员组成的开放性机构，是应急预案内容的执行主体。应急组织机构将应急过程中的资源、信息和处置行动联结成一个整体，支撑着应急预案各项功能的发挥。

通常情况下，应急组织机构被划分为决策层和执行层。其中，决策层负责整个应急工作的统一领导，包括资源协调、行动指挥、监督和决策等；执行层的职责为执行所有与应急处置相关的行动，如紧急救援、信息汇报、资源输送、现场封锁及恢复等。鉴于城市轨道交通网络化运营的特殊性及突发事件应急处置的信息化和综合化特点，城市轨道交通应急组织机构一般设置应急领导工作组、协调指挥工作组和现场处置工作组，形成由应急处置过程中的决策层、协调层、执行层构成的多层次应急组织机构，见图1-2-2。设置协调指挥工作组的目的在于根据获取的信息为现场行动提供决策支持，从而全面掌控现场局面，从容有序应对突发事件。协调指挥工作组由线网指挥中心（NCC）和运营控制中心（OCC）组成，负责为各级应急领导工作组做好事态信息的跟踪和通报工作。

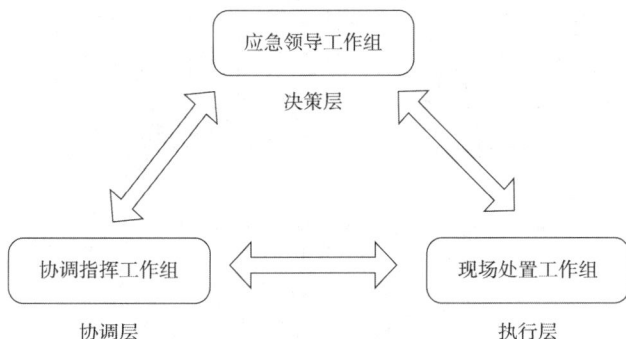

图1-2-2　城市轨道交通应急组织机构

　　根据城市轨道交通线网化的特点，运营单位轨道交通应急组织机构分级设置，分为3个级别，分别是总（集团）公司应急组织机构、线网应急组织机构和各线路应急组织机构。各应急组织机构根据所处层级不同，其分工各不相同，见表1-2-1。

城市轨道交通各层级应急组织机构分工　　　　　表1-2-1

项目	总（集团）公司应急组织机构	线网应急组织机构	各线路应急组织机构
管理范围	总（集团）公司内所有应急资源的调配，包括新线建设业务、地铁运营业务	地铁运营范围内全线网内的严重突发事件	负责本条线路的紧急事件的处置
管理职责	负责制订公司级应急制度、应急预案，指导下级应急组织机构制订相关应急处理程序； 负责接报并处理由下级应急组织机构上报的地铁建设和运营的重大突发事件，协调总（集团）公司内部应急资源，进行合理的救援； 负责与市政府、社会救援力量联系	负责接报并处理由线路控制中心上报的重大突发事件，对于特别重大的突发事件向总（集团）公司应急组织机构上报； 负责协调各线路的应急人员、应急资源，进行救援； 负责监督各线路应急组织机构的救援工作	负责本条线路突发事件的接报，并向线网指挥中心上报； 协调本线路控制中心的应急资源和救援力量，进行应急抢险； 负责向全公司各级应急组织机构通报现场救援情况

四、城市轨道交通的应急管理机制建设

　　应急管理机制是为积极发挥应急管理体制作用服务的，同时又与体制有着相辅相成的关系，建立统一指挥、反应灵敏、功能齐全、协调有力、运转高效的应急管理机制，既可以促进应急管理体制的健全和有效运转，也可以弥补现有体制的不足。

　　传统的突发事件应急管理模式主要是分类管理和分阶段管理，即不同的事件由不同部门管理，同一事件划分为事前、事中和事后三个阶段。随着城市轨道交通运营系统逐渐复杂化、网络化、系统化，所对应的城市轨道交通应急管理正在由分类管理走向综合管理、由分阶段管理走向全过程管理，形成预防（Prevention）、准备（Preparation）、响应（Response）和恢复（Recovery）的PPRR四阶段应急管理。这四个阶段的应急管理不是相

互割裂的，而是一体、连续、动态反馈的系统过程，如图1-2-3所示。

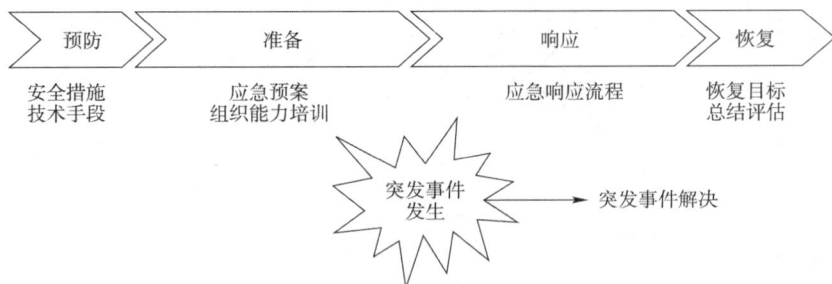

图1-2-3　城市轨道交通运营突发事件应急管理模式

1. 预防阶段

预防为主是应急管理的主要原则，也是城市轨道交通运营突发事件应急管理工作中的重要一环，这就要求导致突发事件发生的各种可能性都要予以排除。交通运输部颁布的《城市轨道交通运营安全风险分级管控和隐患排查治理管理办法》明确了运营安全风险分级管控要求，规定了隐患排查治理工作要求，对应急管理的预防工作提出了明确的标准规范。

风险分级管控是对城市轨道交通运营过程中存在的安全生产风险点进行辨识、评估，确定风险等级，采取相应管控措施，实施风险动态管理的活动，是目前国内外轨道交通行业普遍采用的安全应急管理预防技术方法。城市轨道交通运营企业按照设施监测养护、设备运行维修、行车组织、客运组织、运行环境等业务板块，根据所辖线路设施设备配置及运行环境、安全管理水平、相关经验借鉴等情况辨识风险，确定安全风险等级并制定风险管控措施，形成本单位（部门）的运营安全风险数据库（清单），内容至少包括业务板块、风险点（工作单元/操作步骤）、风险描述、风险等级、管控措施、责任部门及责任岗位、责任人等。具体的安全风险等级从高到低划分为重大、较大、一般、较小等四级，风险等级由风险点发生风险事件的可能性和后果的严重程度综合决定。

城市轨道交通运营企业按照"分级管控"原则建立健全风险管控工作机制，需要采取各类监控措施和技术手段对风险源进行管控，城市轨道交通风险管控应急管理预防工作技术模型如图1-2-4所示。

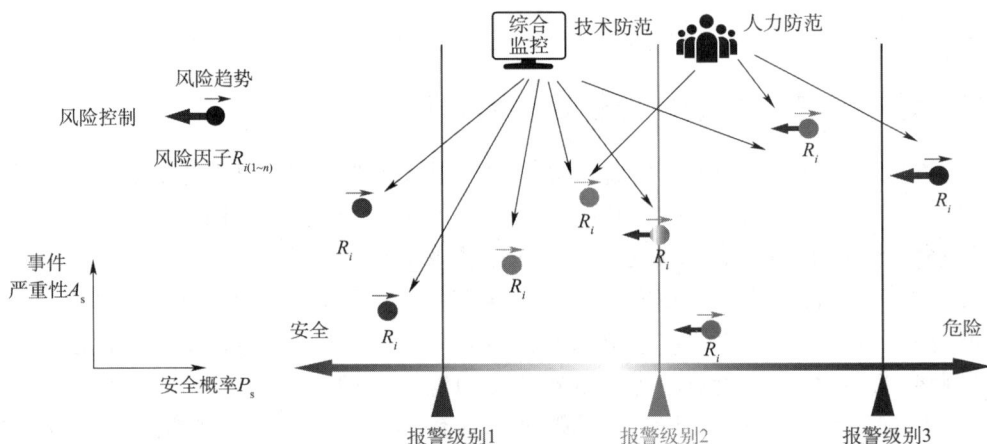

图1-2-4　城市轨道交通风险管控应急管理预防工作技术模型

预防措施针对运营危险源，制订相关安全生产风险的管理办法保障运营监控。运营监控的内容主要包括设施设备及安全运营管理情况等。对于重大风险，应由运营单位负责人牵头组织制订管控措施；对于较大风险，应由专业部门负责人牵头组织制订管控措施；对于一般风险及较小风险，应由班组负责人组织制订管控措施。

技术手段主要通过车站设备监控系统（BAS）、电力监控系统（SCADA）、主控系统（MCS）或综合监控系统（ISCS）和火灾自动报警系统（AFAS）等自动化系统实现对车站机电设备、供电设备、重要系统接口、火灾危险源等的实时监控，通过客流系统对大客流进行监控，在高架线路设置风力检测装置实现对特殊气象的监控，在车辆段等运营场所建立周界报警系统实现场所治安监控。各监控系统都具有不同报警等级的故障信息、报警信息及正常信息，均能以醒目、直观的样式（如对比色、闪烁等）予以显示，并支持声光、语音报警提示，可以按指定要求及报警等级对信息进行过滤，并支持人工对报警信息进行确认和删除。综合监控系统（ISCS）设备故障报警界面如图 1-2-5 所示。

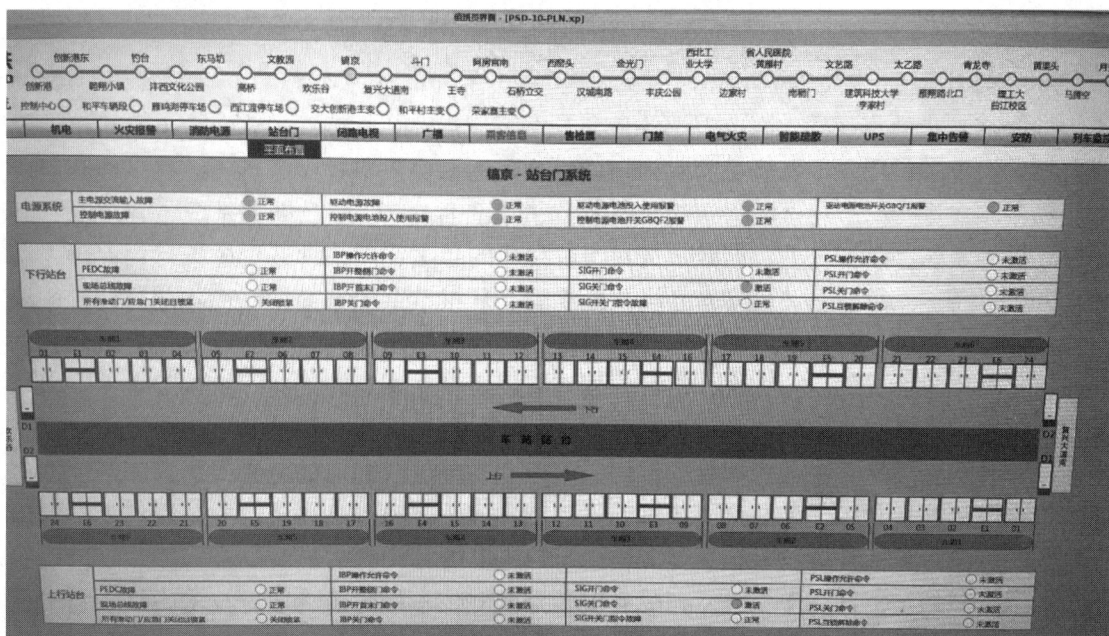

图 1-2-5　综合监控系统（ISCS）设备故障报警界面

近年来，随着智能城轨、智能车站建设的不断推进，人们运用各类传感器、视频系统、周界防范系统、卫星遥感等检测监测技术对人、设备、环境等各种要素状态和危险源进行全面感知和监测，深度融合建筑信息建模（BIM）、物联网、移动应用等技术赋能运维业务，提供基于实时数据的可视化监测与海量历史数据的劣化预警等基础设施健康度管理功能，全面提升城市轨道交通行业应急保障效率和质量。智慧车站设备状态数据可视化监测界面如图 1-2-6 所示。

城市轨道交通运营突发事件应急管理的预防工作还需要辅以其他人为的控制方法，如定时、定人进行车站巡检、轨道巡检、设备检修以及定期的安全检查等。

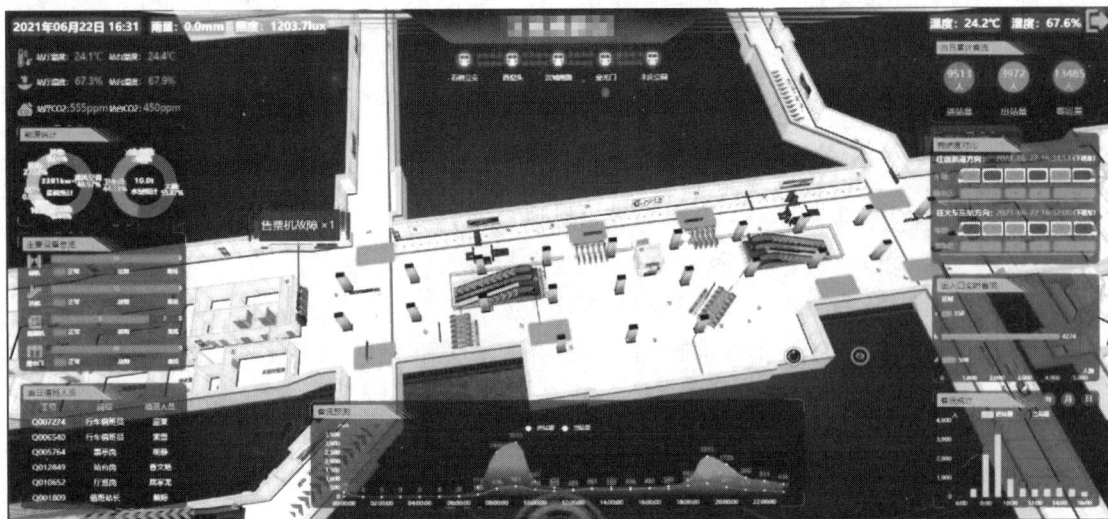

图 1-2-6　智慧车站设备状态数据可视化监测界面

2．准备阶段

按照《城市轨道交通运营突发事件应急预案编制规范》（JT/T 1051—2016）给出的定义，运营突发事件应急准备就是"针对可能发生的运营突发事件，为迅速、有序地开展应急行动而预先进行的思想准备、组织准备和物资装备保障"。应急准备是应急管理的一项重要基础性工作，是为迅速、高效地针对可能发生的各类突发事件开展应急行动而预先所做的各种准备，其目标是防范化解各类风险隐患，从根本上提升突发事件防范与处置的综合应急能力。应急准备期间要制订应急预案和组建应急组织机构，建立危机预警机制，制订应对不利紧急情况的应急方案，然后根据方案需要，做好思想准备、组织准备、人力资源准备、财政准备、应急物资和设备准备等。

城市轨道交通运营企业各单位或部门都应建立本单位或部门的应急人员保障制度、应急物资保障制度、技术保障制度、培训保障制度和演练保障制度等。其中，应急人员保障制度包括应急人员的配置、救援队伍和应急抢险人员的培训等；应急物资保障制度应明确应急物资配置的地点和清单；技术保障制度包括成立技术保障组，建立技术图纸及物资台账的存档制度等；培训保障制度包括各部门结合自身业务，制订年度应急培训计划，开展与自救、互救、逃生相关的知识和技能培训，组织应急抢险队伍进行突发事件处置的知识和技能培训；演练保障制度包括各运营生产部门结合自身业务，制订年度应急演练计划，并由运营管理部门统筹发布年度应急演练计划，各运营生产部门按年度应急演练计划组织实施。

3．响应阶段

《城市轨道交通运营突发事件应急预案编制规范》（JT/T 1051—2016）指出应急响应就是"针对发生的运营突发事件，有关组织或人员采取的应急行动"。应急响应是应急管理四阶段中最关键的一环，是"平战结合"的"战时状态"。做好"战时"应急响应工作是减少突发事件造成的人员、财产损失的重要环节，在舆情控制、风险评估、危机识别与警示等方面具有不可替代的作用。

一旦发生紧急事件，立即启动城市轨道交通应急响应程序。应急响应程序按过程可分为接警、应急响应级别确定、应急启动、救援行动、应急恢复和应急结束等。城市轨道交通运营企业及主管部门与外部机构协调，在事发现场采取初步措施，同时派人员赶赴现场，明确所需的技术支持手段。

响应行动按照事故（事件）的可控性、严重程度和影响范围予以分级，不同等级的响应由不同应急指挥层级来指挥组织实施，相关单位（部门）根据总体预案响应标准执行相应的预案。超出本级应急处理能力时，报请上一级应急机构启动上一级应急预案。响应处置工作主要分为管控、指挥、执行和发布四个层面。其中，管控包括政府管控、集团或运营公司管控、线网管控；指挥包括调度指挥、现场指挥；执行包括列车驾驶、车站控制、抢险救援等；发布包括信息内容发布和乘客播报等。

应急响应主要依托以下组织机构开展应急组织活动。

1）政府应急指挥中心

政府应急指挥中心不会直接参与或指挥城市轨道交通应急处置，其主要职责为在发生城市轨道交通重大突发事件时监管应急处置状态，必要时调动医疗、反恐、消防等其他应急抢救资源，以协助城市轨道交通系统进行应急处置。

2）企业应急领导小组

企业应急领导小组一般包含集团应急领导小组和运营公司应急领导小组。其主要职责为讨论、布置突发事件应急处置应对工作，协调各部门应急处置工作，在事故后组织进行应急处置总结，组织开展应急演练和运营安全宣传教育工作等。

3）线网运营控制中心

线网运营控制中心发挥上传下达作用，向上与政府应急指挥中心、企业应急领导小组进行对接，汇报突发事件详细信息，向下与调度指挥中心联系，实时获取突发事件信息。

4）调度指挥中心

调度指挥中心在整个应急处置组织结构中起核心作用。当发生运营突发事件时，各线调度指挥中心根据实际情况，启动相应的预案，协调指挥车站和班组应急处置工作，通知救援队伍和专业工班参与抢险，调集应急救援设备和物资，并实时向线网运营控制中心或其他上级部门汇报事件信息及处置进度。

5）车站和班组

车站和班组是运营一线基层单位，当发生运营突发事件时负责应急接警并向上级汇报突发事件信息，在调度指挥中心的统一指挥下进行应急处置作业。在突发事件发生初期，一般由当班的值班站长、司机或班组长担任事件处理主任，负责信息报告和现场应急处置。

6）现场指挥部

现场指挥部是突发事件的现场控制和协调中心。其职能为指挥现场应急处置，负责事发现场应急处置总体控制、信息沟通、资源利用等。发生突发事件后，需要根据突发事件的影响等级评估，选择性考虑是否设置现场指挥部。现场指挥部会依据现场实际需求下设技术专家组、综合协调组、新闻信息组、行车客运组、救治善后组、资源保障组、后勤保障组等职能小组。现场指挥部设立后，须第一时间到达突发事件现场，了解现场基本情况，确定影响范围，根据预设预案确定后续应急救援工作。如突发事件情况超出应急处置预案范围，现场指挥部会同技术专家组协商应急抢险方案，并指导各工作小组开展相关工作。

7）应急抢险组

应急抢险组负责突发事件现场设施、设备、抢救作业的总体控制，包括制订抢险方案、调配抢险人员、协调抢险资源、指挥抢险作业等，接受现场指挥部的领导。应急抢险组会依据现场实际需求下设客运抢险队、车辆抢险队、维修抢险队和通号抢险队等。

应急响应组织结构见图1-2-7。

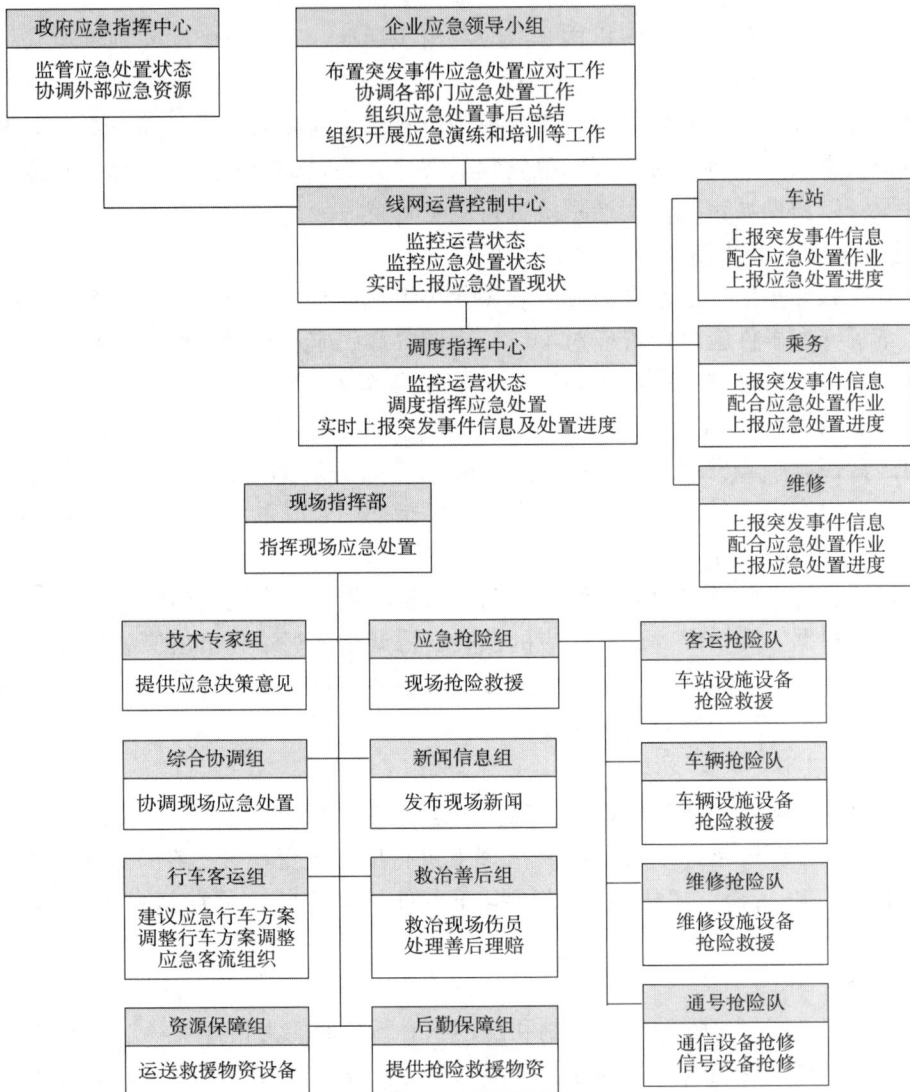

图1-2-7 应急响应组织结构

? 学习与思考

请对城市轨道交通运营企业应急响应组织架构进行简单说明。

4. 恢复阶段

应急恢复是指运营突发事件现场处理完毕、衍生次生灾害后果基本消除，经过有关专家评估确认具备运营条件后，运营单位为恢复正常运营而采取的措施或行动。在恢复阶段，城市轨道交通运营企业各当事单位或部门应尽快组织生产秩序恢复工作，消除事件后果对正常运营的影响。

应急抢险结束后要对应急处理过程进行总结，对应急救援能力做出评估，就事故应急救援过程中暴露出来的问题，及时解决，制定改进的措施，并反馈改进结果，作为制定或修改安全措施和技术手段的依据。

评估的内容有：

（1）应急抢险过程中发现的问题；

（2）应急抢险物资准备情况；

（3）各专业救援组在抢险过程中的救援、协调能力；

（4）应急指挥部的指挥效果；

（5）应急抢险过程中通信保障；

（6）对预案有关程序、内容的建议和改进意见；

（7）对防护器具、抢救设置等方面的改进意见。

? 学习与思考

结合《城市轨道交通运营安全风险分级管控和隐患排查治理管理办法》，试分析说明我国城市轨道交通运营企业推行的应急管理机制"四阶段"模式是如何开展工作的。

五、城市轨道交通的应急管理法治建设

应急管理法治建设是依法开展应急工作，使突发事件的应急处置迈入规范化、制度化和法治化轨道，明确政府和公民在突发公共事件中的权利、义务，让应急组织得到高度授权，维护国家利益和公共利益，最大限度地保障公民基本权益。应急法律法规本身是对应急管理实践规律的总结，完善应急法律法规就是推动全国应急管理体系不断发展的过程。

在我国，应急管理法制属条、块结合型，中央人民政府和省（自治区、直辖市）、市、县（区）、镇人民政府的纵向应急管理与国务院各部、委及地方管理局的横向管理相结合，构成具有中国特色的应急管理法治体系。

2007年8月30日第十届全国人民代表大会常务委员会第二十九次会议通过《中华人民共和国突发事件应对法》，自2007年11月1日起施行。《中华人民共和国突发事件应对

法》分7章（总则、预防与应急准备、监测与预警、应急处置与救援、事后恢复与重建、法律责任、附则）共70条，这是我国事故灾难应急救援管理法规体系的基本法。党的十八大以来，应急管理相关的法律法规不断完善，整个应急管理法律体系以《中华人民共和国宪法》为依据，以《中华人民共和国突发事件应对法》为核心，以相关单项法律法规为配套，如《中华人民共和国防洪法》《中华人民共和国消防法》《中华人民共和国安全生产法》《中华人民共和国传染病防治法》等法律及《国务院关于特大安全事故行政责任追究的规定》《突发公共卫生事件应急条例》《生产安全事故应急条例》等行政法规，使应急管理工作逐步走上了规范化、法治化的轨道，应急法治的系统性逐步显现。

按照国家应急法律体系条、块结合的要求，城市轨道交通行业制定了一系列相关法规。2005年，建设部发布了《城市轨道交通运营管理办法》（建设部令第140号），该办法就我国各地城市轨道交通的安全管理和应急管理提出具体的要求。随着新开通运营的城市增多、运营规模快速扩大、客运量不断攀升，城市轨道交通的安全保障难度越来越大，乘客的服务需求和期望也越来越高，对行业管理水平提出新的更高要求，2018年3月国务院办公厅印发《国务院办公厅关于保障城市轨道交通安全运行的意见》（国办发〔2018〕13号），明确提出要根据实际需要及时制定、修订城市轨道交通法规规章。2018年7月1日，交通运输部颁布并施行《城市轨道交通运营管理规定》，同时废止《城市轨道交通运营管理办法》。《城市轨道交通运营管理规定》是当前城市轨道交通运营行业管理体系的顶层设计，明确了城市轨道交通运营管理的各项政策措施，规范了城市轨道交通运营管理边界和规划建设的衔接，切实保障运营安全，强化应急处置能力，提升运营服务质量，对于统筹协调各方关系具有重要意义。

各地方政府为促进当地轨道交通事业发展，规范轨道交通管理，保障轨道交通安全，维护乘客合法权益，分别出台各地的轨道交通条例，如《北京市轨道交通运营安全条例》《广州市城市轨道交通管理条例》《西安市城市轨道交通条例》等。

任务3　了解城市轨道交通应急预案

一、城市轨道交通应急预案概述

尽管突发事件的发生具有不确定性，但是人们在总结以往经验及教训的基础上，会一定程度地分析出突发事件发生的原因，在事发后再通过对类似或相关突发事件的分析，制订应对方案。制订应急预案的主要目的就是预先将对突发事件不利后果的担忧变成预先的思考和计划，以此期望实现对突发事件的有效应对和处置。

应急预案，顾名思义，是指为了应急而预先准备好的方案。《突发事件应急预案管理办法》（国办发〔2013〕101号）对其给出了更为详细的解释，即"各级人民政府及其部门、基层组织、企事业单位、社会团体等为依法、迅速、科学、有序应对突发事件，最大程度减少突发事件及其造成的损害而预先制定的工作方案"。

按照制订主体划分，应急预案分为政府及其部门应急预案、单位和基层组织应急预案两大类。根据突发事件种类的不同，应急预案可以分为自然灾害应急预案、事故灾难应急预案、公共卫生事件应急预案、社会安全事件应急预案等。依据功能和目标划分，应急预案可分为总体应急预案、专项应急预案和部门应急预案。

交通运输部颁布的《城市轨道交通运营管理规定》明确提出城市轨道交通运营主管部门要"制定完善运营突发事件应急预案"，城市轨道交通运营企业"应当按照有关法规要求建立运营突发事件应急预案体系，制定综合应急预案、专项应急预案和现场处置方案。运营单位应当组织专家对专项应急预案进行评审"。《城市轨道交通运营突发事件应急预案编制规范》（JT/T 1051—2016）定义城市轨道交通运营突发事件应急预案为"有效预防和控制可能发生的运营突发事件，最大程度减少运营突发事件及其造成的损害而预先制定的工作方案"。

二、编制城市轨道交通应急预案的目的

为做好城市轨道交通运营突发事件的预防和处置工作，提高应对能力，确保应急组织指挥统一顺畅，处置及时妥善，最大限度地减少人员伤亡和经济损失，必须编制应急预案。编制应急预案的目的如下：

（1）整合现有轨道交通运营突发事件应急管理组织机构，建立健全应急工作的体制和机制，实现部门之间的协调联动。

明确应急救援的范围和体系，使应急准备和应急管理，尤其是培训和演练工作的开展有据可依、有章可循。

（2）整合现有轨道交通运营突发事件应急资源，建立分工明确、责任到人、优势互补、常备不懈的应急保障体系。

当发生超出应急能力的重大事件时，便于与上级应急部门协调，有利于及时作出应急

响应，降低事件危害程度。

（3）整合现有轨道交通运营突发事件的信息资源，实现信息共享，形成机制优化、响应迅速的信息支撑系统。

（4）规范轨道交通运营突发事件级别，明确各成员单位的分工和职责，确定不同级别事件的启动程序和相应措施，有利于增强各级人员的风险防范意识。

（5）成为各类突发事件的应急基础。

通过编制基本应急预案，可保证应急预案具有足够的灵活性，对那些无法预料的突发事件或有长期影响的事件，也可以起到基本的应急指导作用；针对特定危害编制专项应急预案，有针对性地制订应急措施，进行应急准备和演练。

三、城市轨道交通应急预案层级与体系

1. 城市轨道交通运营突发事件应急预案层级

城市轨道交通运营突发事件应急预案层级由国家级、省级、城市级和运营单位级构成。

（1）国家级应急预案。

国家级应急预案主要明确运营突发事件的应对原则、组织指挥机制和事件分级标准、信息报告要求、分级响应及响应行动、应急保障措施等，重点规范国家层面在运营突发事件发生后的应对行动，同时体现政策性和指导性。

（2）省级应急预案。

省级应急预案主要明确运营突发事件的组织指挥机制、信息报告要求、分级响应及响应行动、队伍物资保障及调动程序、下级政府职责等，重点规范省级层面的应对行动，同时体现对下级预案的指导性。

（3）城市级应急预案。

城市级应急预案主要明确运营突发事件的组织指挥机制、风险评估、监测预警、信息报告、应急处置措施、队伍物资保障及调动程序等内容，重点规范城市层面的应对行动。

（4）运营单位级应急预案。

运营单位级应急预案由各运营单位制订。

2. 城市轨道交通应急预案体系

城市轨道交通应急预案应明确运营突发事件应急响应责任人、危险源辨识、风险评估与隐患监测、信息报告、预警响应、应急处置、人员疏散撤离组织和路线、可调用或可请求援助的应急资源情况及如何实施等，体现自救互救、先期处置特点。

针对不同类型突发事件，不同城市轨道交通应急预案的具体措施可能千差万别，但其产生的结果和影响是相近的。从宏观方面可以制订一个基本的应急模式，由一个综合的标准化应急体系有效应对不同类型危险所产生的共性影响；从微观方面可以在不同突发事件应急处置过程中给各运营岗位设定具有共性方面的策略，保证各岗位有机协同协作，完成突发事件应急处置工作。

城市轨道交通运营单位可以针对不同事件的特点，如爆发速度、持续时间、范围和强

度等，制订具有较强针对性的专项应急预案。为了保证各种类型预案之间的整体协调和层次清晰，实现共性与个性、通用性与专业性结合，宜按不同层级单位和部门采用不同层次的应急预案，并按照预案的应用功能设计为综合应急预案、专项应急预案和现场处置方案，如图 1-3-1 所示。

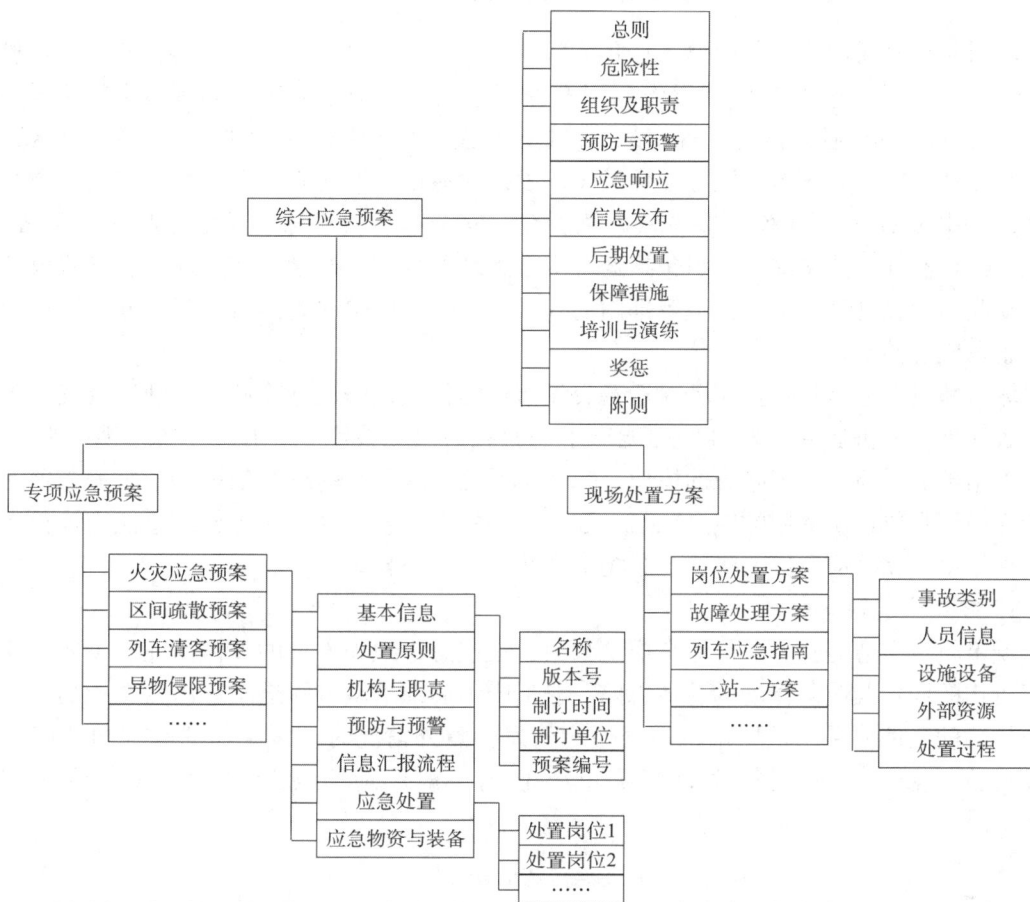

图 1-3-1　城市轨道交通运营单位应急预案体系架构示例

1）综合应急预案

综合应急预案是运营单位应对各类运营突发事件的综合性文件，主要包括运营单位内部的应急组织机构及职责、应急预案体系、运营突发事件等级划分及风险描述、预警及信息报告、应急响应、信息发布、新闻报道、事后处理与奖惩、保障措施、应急培训和演练等内容。

2）专项应急预案

专项应急预案是对综合应急预案的细化，主要针对某一类型或某几种类型运营突发事件，或者针对重要危险源而制订的应急方案。

3）现场处置方案

现场处置方案是运营单位根据运营突发事件类型，针对可能发生运营突发事件的具体位置、场所和岗位所制订的应急处置措施。现场处置方案应由运营单位根据风险评估及危险性控制措施组织现场作业人员及安全管理等专业人员共同编制，应具体、简单以及针对性和操作性强。

四、城市轨道交通应急预案主要内容

城市轨道交通运营企业依据《中华人民共和国突发事件应对法》、《中华人民共和国安全生产法》、《生产安全事故报告和调查处理条例》（中华人民共和国国务院令第493号）、《城市轨道交通运营管理规定》、《城市轨道交通运营突发事件应急预案编制规范》（JT/T 1051—2016）、《国务院办公厅关于印发国家城市轨道交通运营突发事件应急预案的通知》、《国务院办公厅关于保障城市轨道交通安全运行的意见》及地方政府有关法律、法规、规章和规范性文件，组织包括运营安全管理、行车、调度、客运服务、设施设备维修、新闻与信息管理、综合保卫等部门的人员，结合本单位的具体情况制订城市轨道交通运营企业应急预案。

城市轨道交通运营企业应针对运营突发事件的特点，辨识危险源，识别运营突发事件的危害因素，分析运营突发事件可能产生的直接后果以及次生、衍生后果，评估风险等级，提出控制风险、治理隐患的措施，作为本单位应急预案的编制依据。同时编制前还需要全面摸清本单位可调用的应急队伍、装备、物资等应急资源，并进行应急能力评估，依据评估结果，完善应急保障措施。各类应急预案主要内容如下。

1. 综合应急预案内容

城市轨道交通运营企业的综合应急预案，是应急组织和方针的总体描述，指明了应急组织机构的职责及应急行动的总体思路。它清晰地展现了城市轨道交通运营企业的应急体系及预案的文件体系，是城市轨道交通运营发生意外情况时救援工作的基础和"底线"，即使遇到了没有预料到的紧急情况也能起到一般的应急指导作用。其主要内容参见表1-3-1。

综合应急预案内容   表1-3-1

一级标题	二级标题	内容
1　总则	1.1　编制目的	简述应急预案编制的目的
	1.2　编制依据	简述应急预案编制依据的法律、法规、规章、标准和规范性文件及相关应急预案等
	1.3　适用范围	说明应急预案适用的区域范围，以及运营突发事件的类型和级别
	1.4　应急预案体系	说明运营单位应急预案体系的构成情况
	1.5　应急工作原则	说明运营单位应急工作的原则，内容应简明扼要、明确具体
2　运营突发事件风险描述	—	简述运营单位存在或可能发生的运营突发事件风险种类、发生的可能性及严重程度和影响范围
3　应急机构及职责	—	明确运营单位的应急机构组成形式、组成人员及相关部门的职责

一级标题	二级标题	内容
4 监测与预警	4.1 监测	明确本单位运营监测体系、风险分析和报告的责任部门、监测手段、监测信息分析和风险分析的要求
	4.2 预警	根据运营突发事件预警信息的不同来源（分系统内设施设备预警信息和系统外其他部门的预警信息），明确预警信息的收集责任部门、收集方式，以及根据预警信息级别或紧迫程度应采取的响应措施
5 信息报告	—	说明运营单位内部信息报告的责任人、报告程序、报告内容、接报和续报要求，以及相关部门接报后应采取的行动
6 应急响应	6.1 分级响应	针对运营突发事件的危害程度、影响范围和运营单位控制事态的能力，对应急响应进行分级，明确分级响应的基本原则
	6.2 响应程序	根据运营突发事件的级别和发展态势，描述应急机构启动、应急资源调配、应急救援、扩大应急等响应程序
	6.3 处置措施	针对可能发生的运营突发事件的风险、危害程度和影响范围，明确运营单位应采取的相应应急处置措施，明确处置原则和具体要求
	6.4 应急结束	明确现场应急处置结束的条件和要求
7 信息发布	—	明确向有关新闻媒体和社会公众通报运营突发事件信息的本单位责任部门、程序及原则
8 后期处置	—	包括现场勘查和事故调查、恢复运营、保险理赔、调查评估、总结等。具体要求： ①明确现场保护、现场勘查和事故调查的时限和程度要求； ②明确现场处理要求和运营恢复的条件，并确定审批恢复运营的程序和部门； ③明确保险理赔的负责部门和工作开展程序； ④明确对运营突发事件的产生原因、处理情况、应急救援能力及事件后果等的调查和评估要求，以及后续处理要求（比如修订应急预案），包括对应不同类别和等级的运营突发事件，负责调查评估的部门及结果上报等要求； ⑤明确处置过程中存在的问题，提出隐患整改的要求，对相关部门和人员进行奖惩
9 保障措施	9.1 通信与信息保障	明确有关单位或人员通信联系方式，并提供备用方案。建立信息通信系统及维护方案，确保应急期间信息通畅
	9.2 应急队伍保障	明确运营单位应急响应的人力资源，包括专业应急队伍、兼职应急队伍的组织等
	9.3 物资装备保障	明确运营单位的应急物资和装备的类型、数量、性能、存放位置、管理责任人及联系方式等内容。不属于运营单位内部的应急物资和装备，应明确其归属单位、相关责任人及联系方式，保障应急状态时运营单位及时使用
	9.4 资金保障	明确运营单位应急资金来源、使用范围、使用机制和监督管理措施，保障应急状态时应急资金及时到位

一级标题	二级标题	内容
10　应急预案管理	10.1　预案培训	明确运营单位有关人员的应急预案培训计划、方式和要求，涉及社区、居民和乘客的，应做好宣传教育和告知等工作
	10.2　预案演练	明确应急预案演练的规模、方式、频次、范围、内容、组织、评估、总结等要求
	10.3　预案修订	明确应急预案修订的基本要求，并定期进行评审，实现可持续改进
	10.4　预案备案	明确应急预案的报备部门、备案程序
	10.5　预案实施	明确应急预案实施的具体时间、负责制订与解释的部门
11　附则	11.1　术语和定义	针对预案正文中出现的需要解释的名词给出明确的解释
	11.2　奖励与惩罚	针对运营单位内相关部门或个人在运营突发事件应急响应工作中的表现，明确奖励和惩罚的原则和措施
12　附件	12.1　有关应急部门、机构或人员的联系方式	列出应急工作中需要联系的部门、机构或人员的多种联系方式，并及时更新
	12.2　重要物资装备的名录或清单	列出应急预案涉及的重要物资和装备名称、型号、存放地点和联系电话等
	12.3　规范化格式文本	信息接收、处理、上报等规范化格式文本
	12.4　关键的路线、标识和图纸	主要包括： ①警报系统分布及覆盖范围； ②重要防护目标一览表、分布图； ③应急救援指挥位置及救援队伍行动路线； ④疏散路线、重要地点等标识； ⑤相关平面布置图纸、救援力量的分布图纸等
	12.5　相关应急预案名录	列出直接与本应急预案相关的或相衔接的应急预案名称
	12.6　有关协议或备忘录	与相关应急救援部门签订的应急救援协议或备忘录

2. 专项应急预案内容

城市轨道交通运营企业的专项应急预案是针对特定的、具体的危险类型而制订的。它在综合应急预案的基础上充分考虑了某些特定危险的具体情况，明确了相应职能部门的责任，提出了特殊的要求或者给出了特殊的指导。它是基本预案的附录，是综合应急预案的一个必要组成部分。其主要内容见表1-3-2。

城市轨道交通运营企业制订专项应急预案的运营突发事件包括设施设备故障运营突发事件、突发大客流、火灾等三大类，具体类型见表1-3-3。

专项应急预案内容 表 1-3-2

一级标题	二级标题	内容
1　基本要求	—	运营单位应就城市轨道交通运营过程中由列车撞击、脱轨，设施设备故障、损毁，以及大客流等情况，造成人员伤亡、行车中断、财产损失的突发事件制订专项应急预案
2　主要内容	2.1　制订目的	明确应急预案所针对的运营突发事件类型以及制订应急预案的目的
	2.2　制订依据	列举应急预案编制、修订所依据的其他技术文件
	2.3　风险分析	针对可能发生的某类型运营突发事件风险，分析该类运营突发事件发生的可能性及严重程度、影响范围等
	2.4　应急机构及职责	根据运营突发事件类型，明确运营单位应急机构总指挥、副总指挥及各成员单位或人员的具体职责。应急指挥机构可设置相应的工作小组，明确工作小组的人员及主要负责人职责
	2.5　处置原则	明确运营突发事件应急响应中的处置原则
	2.6　信息报告	信息报告内容主要包括： ①确定报告程序； ②确定现场报告方式； ③确定 24h 与相关部门的通信联络方式； ④明确相互认可的通告、报告形式和内容； ⑤明确应急响应人员向外求援的方式
	2.7　处置方案	对于本预案所针对的运营突发事件应进一步分类细化，明确相关工作岗位在各类运营突发事件发生后的处置程序和具体处置措施
	2.8　特殊程序	对于某些需要更详细的处置程序才能应对的运营突发事件，明确具体处置程序（比如列车脱轨、冲突、倾覆后起复处置等需要遵照详细的工序图，并附有安全注意事项）

需制订专项应急预案的运营突发事件 表 1-3-3

编号		运营突发事件
1　设施设备故障运营突发事件	1.1	信号系统故障（至少包括电话闭塞等降级运行）
	1.2	通信系统故障（至少包括对列车运行造成直接影响的故障）
	1.3	供电系统故障（至少包括大面积停电、弓网故障）
	1.4	车辆故障（至少包括影响正常运行，需要现场处置或通过救援驶离的故障）
	1.5	轨道线路故障（至少包括线路下沉、隆起、坍塌、断轨、胀轨）
	1.6	机电设备故障（至少包括自动售检票系统设备大面积故障、区间积水、水管爆裂、防火卷帘门故障、通风空调系统故障、站台门故障）
	1.7	特种设备故障（至少包括自动扶梯故障、电梯故障）
	1.8	地下构（建）筑物坍塌

编号		运营突发事件
1 设施设备故障运营突发事件	1.9	设施侵限
	1.10	与行车有关的运营突发事件（至少包括人员入侵线路，列车挤岔、脱轨、分离、冲突和倾覆）
2 突发大客流		
3 火灾	3.1	列车火灾
	3.2	高架结构或隧道火灾
	3.3	车站火灾
	3.4	上盖构（建）筑物火灾

3. 现场处置方案内容

现场处置方案是针对具体的装置、场所或设施、岗位所制订的应急处置措施。现场处置方案应根据风险评估及危险性控制措施逐一编制，做到事故相关人员应知应会、熟练掌握，并通过应急演练，做到迅速反应、正确处置，其主要内容见表1-3-4。

现场处置方案内容 表1-3-4

一级标题	二级标题	内容
1 基本要求	—	对于各专项应急预案，运营单位应针对运营突发事件可能发生的车站、区间、控制中心、车辆基地等不同地点，制订现场处置方案
2 主要内容	2.1 风险分析	风险分析的内容主要包括： ①运营突发事件类型； ②运营突发事件发生的区域、地点或装置的名称； ③运营突发事件发生的可能时间、危害严重程度及影响范围； ④运营突发事件发生前可能出现的征兆； ⑤运营突发事件可能引发的次生、衍生事件
	2.2 应急工作职责	根据现场工作岗位、组织形式及人员构成，明确现场各岗位人员的应急工作职责和分工
	2.3 应急处置	应急处置内容主要包括： ①根据可能发生的运营突发事件及现场情况，明确报警、应急措施启动、应急救援人员引导、事态扩大，以及与综合应急预案和专项应急预案的衔接程序； ②针对可能发生的运营突发事件，从人员救护、事态控制、灾害后果消除、恢复运营等方面制订应急处置措施； ③明确报警负责人、报警电话、上级管理部门、相关应急救援单位联络方式和联系人、运营突发事件报告基本要求和内容

续上表

一级标题	二级标题	内容
2　主要内容	2.4　物资装备储备	明确不同类型运营突发事件现场应急处置需要的物资与装备的数量、摆放要求，便于应急响应时取用
	2.5　注意事项	注意事项应包括： ①佩戴个人防护器具方面的要求； ②使用抢险救援器材方面的要求； ③采取救援对策或措施方面的要求； ④现场人员疏散、自救和互救要求； ⑤现场应急处置能力确认和人员安全防护等事项； ⑥应急救援结束后的注意事项； ⑦其他需要特别警示的事项

？ 学习与思考

1. 城市轨道交通运营企业制订应急预案体系具体应包含哪几个部分？分析各部分的意义和作用。

2. 谈谈你对一站一方案的认识。

任务4　熟悉城市轨道交通应急演练

一、应急演练概述

应急演练是针对应急工作中需要的某种特殊的或专门的行动、功能实施的练习。应急演练通常用来测试新装备，检验新政策或新程序，训练和保持现有的技能，找出应对中存在的问题并消除这些问题，以改进应对突发事件的准备工作。

在城市轨道交通企业中，应急演练是一种重复性活动，是经常性的训练，常由城市轨道交通企业多个部门、组织和系统之间合作开展行动，依据预先制订的各项应急预案，协同完成某项行动，并予以评估，通过实践以达到加强个人应急能力的培训、部门的协调及发现和改进现有预案中的问题和不足的目的。应急演练的形式多种多样，如桌面演练、功能演练、模拟跑位演练、运营演练、突发演练（又称为"四不"演练，即不预先编排脚本和台词、不预先集结演练队伍、不预先告知演练具体时间、不预先进行合成演练）等，如图1-4-1所示。应急演练按照组织部门级别的不同一般可以分为运营公司级、安全主管部门级、部门级、车间（室）或班组（车站）级四个级别。

图1-4-1　地铁应急疏散突发演练

二、常见应急演练形式

1. 指导（模拟）讨论会

举办指导（模拟）讨论会的目的是使所有演练参与者熟悉各种角色、方案、程序和装备，协调各岗位的职责和工作，这是一种简单的演练方式，重点在于预案的概况介绍。

指导（模拟）讨论会要求主要人员进行非正式的讨论，不必去做仿真，一般通过讲授、讨论、展示幻灯片、播放录像、计算机演示等形式完成。这在一定程度上能实现演练的功能。指导（模拟）讨论会适用的范围非常广，和应急处理有关的事情都可以讨论，如讨论新政策、新预案、新方法等；对新员工进行应急预案的讲解；介绍应急演练的基本知识和方法等。指导（模拟）讨论会的时间不宜太长，2h左右即可。主持人和骨干人员应做好准备，提前考虑会议的议题和发言的要点，其余参与者做好记录。

2. 桌面演练

桌面演练也是城市轨道交通企业常用的一种演练形式。城市轨道交通行业因其特殊性，演练应尽可能不干扰正常的运营工作。桌面演练非常贴合城市轨道交通的应急演练需要。

顾名思义，桌面演练就是在桌面上演练。参与的员工围坐在一个大桌子旁边，根据应急预案的内容，联合演练预案规定的步骤和过程。参与的员工通过桌面演练可以清楚自己在预案中扮演的角色，掌握工作程序，明确自己的责任。

桌面演练是一种简单的仿真形式，可以通过车站地图、图表、卡片等工具强化演练的真实效果。参与者联合演练，相互配合，依照预案程序逐步执行。应急演练部门的负责人、预案的编制者及其他部门负责人可以参与演练但不干预演练过程，避免影响演练的进程。一般来说，桌面演练重点岗位都应配备观察员，观察和发现重点环节出现的问题，记录下来并反馈给参与者，以持续强化演练效果。桌面演练现场如图 1-4-2 所示。

图 1-4-2　桌面演练现场

桌面演练一般应配备一个主持人以引导整个桌面演练正常进行，时间控制在 1 ~ 4h，但是为保证桌面演练顺利进行，需要提前让参与者做好准备，如预案的熟悉、政策的把握、关键点的控制等。

桌面演练方法成本较低，主要是为功能演练和全面演练做准备。桌面演练只是演练的初级形式，其目的一方面是培养参与者相互配合的协同性，另一方面是检验应急预案的合理性、系统性和完整性。

❓ 学习与思考

　假如你是值班站长，应如何有效组织车站桌面演练？

3. 功能演练

功能演练比桌面演练规模大，需要动员更多的应急响应人员和组织，主要是针对某项应急响应功能或其中某些应急响应活动举行的演练活动。功能演练一般在应急指挥中心进行，可同时开展现场演练，调用有限的应急设备，主要目的是针对应急响应功能，检验应急响应人员的组织策划和演练水平。

功能演练的参与者一般是应急预案的制订者和相关职责人员。功能演练常常采用突击形式，主要检验运营部门面对某项突发事件的应急响应能力，同时检验应急预案的程序、组织结构、任务分配以及指挥者之间沟通联络的科学性和合理性，还能培养基层专业人员应对突发事件的应急能力。

4. 全面演练

全面演练是针对某项应急预案完整的应急响应功能，检验、评价应急组织应急运行能力的演练活动。尽可能创建逼真的环境，动用真实的设备、工具和实际的操作人员进行实际演练，如图1-4-3所示。全面演练的参与者主要是应急演练方案所包含的人员，也包括协调、考评、行动和组织人员。全面演练每次都选择一项预案开展演练，地点基本选择在设定现场，时间多在0.5~2h。

图 1-4-3　全面演练现场

在全面演练之前应做好准备工作，特别是新员工，演练前应有一定的指导和要求说明。在全面演练实施前应起草一份演练方案或说明，说明演练的设定、内容、目标和考核指标。演练过程应全程、全范围监控以便考核和评估。

应急演练是一个系统的工程，涉及多个部门和个人。在制订好各项应急预案后，应该根据预案的要求，制订完整的演练方案或规划。这个方案或规划应按照预案的要求，由浅入深、由简单到复杂，分步实施和推进。在演练前做大量的必要的培训和专项训练，为应急演练做好充分的准备。此外，应急演练不是一项孤立的行动，不仅需要事前的准备，还需要事后的经验与教训总结，并且依据这些经验与教训，对应急预案和其他相关工作进行改进，为以后的应急演练和实际事件应对积累经验。

三、应急演练组织

1. 制订演练计划

各生产部门须根据安全主管部门的要求，每年制订年度演练计划，在上一年年底前将计划汇总至安全主管部门，具体演练项目根据运营企业规章并结合设备情况确定。

演练计划汇总到安全主管部门后，在某次应急演练计划开始前，向安全主管部门或相应演练级别对应的负责人或分管负责人申请，批准后方可实施。

知识拓展

企业应急演练计划

表 1-4-1 和表 1-4-2 分别为某市地铁车站级别和线路级别的演练项目及演练形式、演练周期和配合部门等。

某市地铁车站级别演练计划　　　　　　　　　　表 1-4-1

序号	演练项目	演练形式	演练周期	配合部门
1	车站站台火灾演练	模拟跑位演练	每 6 个月每班次进行 1 次	
2	车站站厅火灾演练	模拟跑位演练	每 6 个月每班次进行 1 次	
3	列车在站台发生火灾演练（车站处置部分）	模拟跑位演练	每 6 个月每班次进行 1 次	
4	车站设备区火灾演练	模拟跑位演练	每 6 个月每班次进行 1 次	
5	屏蔽门故障接、发车演练	运营演练	每 6 个月每班次进行 1 次	设备部门
6	屏蔽门夹人、夹物处理演练	运营演练	每 6 个月每班次进行 1 次	设备部门
7	列车区间疏散演练（车站处置部分）	模拟跑位演练	每 6 个月每班次进行 1 次	
8	列车区间清客演练（车站处置部分）	模拟跑位演练	每 6 个月每班次进行 1 次	
9	车站清客演练	模拟跑位演练	每 6 个月每班次进行 1 次	
10	正线道岔故障处理演练（注：只对联锁站有要求）	运营演练	每 6 个月每班次进行 1 次	
11	电话行车法演练	模拟跑位演练	每 6 个月每班次进行 1 次	
12	自动扶梯夹人或有人从自动扶梯上跌倒处理演练	模拟跑位演练	每 6 个月每班次进行 1 次	
13	车站发现可疑物品演练	模拟跑位演练	每年每班次进行 1 次	
14	车站发现可疑人员演练	模拟跑位演练	每年每班次进行 1 次	
15	车站接到炸弹恐吓演练	模拟跑位演练	每年每班次进行 1 次	
16	车站发现有毒气体演练	模拟跑位演练	每年每班次进行 1 次	
17	车站站台爆炸演练（车站处置部分）	模拟跑位演练	每年每班次进行 1 次	
18	车站发现恶性传染病演练	模拟跑位演练	每年每班次进行 1 次	
19	车站发现有毒化学物质泄漏演练	模拟跑位演练	每年每班次进行 1 次	
20	票务运作设备自动售票机、出入闸机故障演练	模拟跑位演练	每年每班次进行 1 次	
21	列车停运时公交接驳演练	模拟跑位演练	每年每班次进行 1 次	
22	电梯困人演练	模拟跑位演练	每年每班次进行 1 次	
23	车站大客流人流控制演练	模拟跑位演练	每年 1 次	
24	车站出入口水淹演练	运营演练	每年 1 次	

某市地铁线路级别演练计划   表 1-4-2

序号	演练项目	演练形式		级别	演练周期	责任部门	配合部门
1	大面积停电应急处理演练	运营演练		C/D	每年 1 次	设备部门	车务部门（客运部门）、控制中心、车辆部门
				A/B	每 2 年 1 次	安全部门	设备部门、车务部门（客运部门）、控制中心、车辆部门
2	正线接触网抢修演练（塌网/脱槽）	运营演练	不需出动工程车	C/D	每年 1 次	设备部门	车务部门（客运部门）、控制中心
			需出动工程车	A/B	每 2 年 1 次	安全部门	设备部门、车务部门（客运部门）、控制中心、车辆部门
3	正线弓网故障抢修演练	运营演练		A/B	每 2 年 1 次	安全部门	设备部门、车辆部门、控制中心
4	接触网其他故障演练（隔离开关、绝缘子、线岔、补偿器等）	运营演练		C/D	每年 1 次	设备部门	车务部门（客运部门）、控制中心
5	主变电所设备故障演练（根据需要选择设备故障）	运营演练		C/D	每年 1 次	设备部门	控制中心
6	牵引变电所故障演练	运营演练		C/D	每年 1 次	设备部门	控制中心
7	车站低压电供电系统故障演练	运营演练		C/D	每年 1 次	设备部门	控制中心
8	钢轨断裂抢修演练	运营演练		C/D	每年 1 次	设备部门	
9	挤岔故障演练（含正线、车辆段）	运营演练		C/D	每年 1 次	设备部门	
10	区间水淹演练	运营演练		C/D	每年 1 次	设备部门	控制中心、车务部门（客运部门）
				A/B	每 2 年 1 次	安全部门	设备部门、车务部门（客运部门）、控制中心
11	联锁站道岔故障	运营演练		C/D	每 6 个月 1 次	设备部门	车务部门（客运部门）、控制中心
				A/B	每年 1 次	安全部门	车务部门（客运部门）、控制中心

续上表

序号	演练项目	演练形式	级别	演练周期	责任部门	配合部门
12	信号系统其他故障[西门子计算机辅助信号系统（SICAS）、列车自动防护系统（ATP）故障等]演练	运营演练	C/D	每6个月1次	设备部门	车务部门（客运部门）、控制中心
13	车辆段计算机联锁系统故障抢修/行车组织演练	运营演练	C/D	每年1次	设备部门	车务部门（客运部门）、控制中心
14	通信系统故障演练（专用调度电话、电源故障等）	运营演练	D	每6个月1次	设备部门	车务部门（客运部门）、控制中心
15	电力监控系统（SCADA）关键部件（含软件、硬件、通信）故障演练	模拟跑位演练	C/D	每年1次	设备部门	车务部门（客运部门）、控制中心
16	列车区间轮轴固死演练	运营演练	A/B	每2年1次	安全部门	车务部门（客运部门）、控制中心、车辆部门
		运营演练（可在车辆段内进行）	C/D	每年1次	车辆部门	车务部门（客运部门）
17	列车区间脱轨演练	运营演练	A/B	每2年1次	安全部门	车务部门（客运部门）、控制中心、车辆部门
		运营演练（可在车辆段内进行）	C/D	每年1次	车辆部门	车务部门（客运部门）
18	电话行车法组织行车演练（全线或联锁站区间）	运营演练	C/D	每6个月1次	车务部门（客运部门）	控制中心、车辆部门
			A/B	每年1次	安全部门	车务部门（客运部门）、控制中心、车辆部门
19	列车区间救援演练	运营演练/突发演练	C/D	每6个月1次	车务部门（客运部门）	控制中心、车辆部门
			A/B	每年1次	安全部门	车务部门（客运部门）、控制中心、车辆部门
20	屏蔽门故障情况下列车进站、发车	运营演练	C/D	每6个月1次	车务部门（客运部门）	控制中心、设备部门

任务内容

序号	演练项目	演练形式	级别	演练周期	责任部门	配合部门
21	车站站台/站厅火灾演练	运营演练/突发演练	A/B	每6个月1次	安全部门	车务部门（客运部门）、控制中心、设备部门
			C/D	每4个月1次	车务部门（客运部门）	控制中心、设备部门
22	接触网停电	桌面演练	C	每年1次	调度票务部	车务部门（客运部门）、安全部门
23	信号系统故障行车组织演练	桌面演练	C/D	每6个月1次	调度票务部	车务部门（客运部门）、设备部门
24	自动售检票系统（AFC）设备故障抢修演练	运营演练	C/D	每6个月1次	调度票务部	车务部门（客运部门）
25	列车在站台发生火灾紧急救援疏散演练	运营演练	A/B	每2年1次	安全部门	车务部门（客运部门）、车辆部门、控制中心、设备部门
26	列车在区间发生火灾紧急救援疏散演练	运营演练	A/B	每2年1次	安全部门	车务部门（客运部门）、车辆部门、控制中心、设备部门
27	列车停运时公交接驳演练	运营演练（联合公交公司）	A	每2年1次	安全部门	设备部门、车务部门（客运部门）、控制中心、设备部门
28	列车自动监控系统（ATS）故障情况下行车组织演练	运营演练	A/B	每年1次	安全部门	控制中心、车务部门（客运部门）、设备部门
29	车站站台怀疑有不明有毒气体需要紧急救援疏散演练	模拟跑位演练	A/B	每2年1次	安全部门	车务部门（客运部门）、控制中心、设备部门
30	车站接到炸弹报告演练	模拟跑位演练	A/B	每2年1次	安全部门	车务部门（客运部门）、控制中心、设备部门
31	列车接到炸弹报告演练	模拟跑位演练	A/B	每2年1次	安全部门	车务部门（客运部门）、控制中心、设备部门
32	车站站台爆炸演练	模拟跑位演练	A/B	每2年1次	安全部门	车务部门（客运部门）、控制中心、设备部门

续上表

序号	演练项目	演练形式	级别	演练周期	责任部门	配合部门
33	无线通信故障行车组织演练	运营演练	A/B	每2年1次	安全部门	控制中心、车务部门（客运部门）、设备部门
34	光传送网络故障演练	运营演练	A/B	每2年1次	安全部门	控制中心、车务部门（客运部门）、设备部门
35	钢轨断裂故障演练	运营演练	A/B	每2年1次	安全部门	控制中心、设备部门、车务部门（客运部门）
36	危险化学品泄漏演练	运营演练	C/D	每年2次	物资部门	综合部（通知保安参加）
37	仓库火灾演练	运营演练	C/D	每年2次	物资部门	设备部门
38	救援车紧急出动演练	运营演练	C/D	每年1次	综合部	设备部门、车辆部门

注：/代表"或"。

2. 编制演练方案

演练组织部门需先牵头制订演练方案，当演练项目为首次实施或应急预案程序、使用的设备发生较大变化时还需编制演练步骤，并对相关人员进行培训。已成熟演练项目和突发演练的演练方案可不编制演练步骤，直接引用现有应急演练预案中的演练步骤，演练方案只需设定本次演练的背景、组织分工、观察员设置情况、安全措施等。

演练方案编制好后须交安全主管部门审核通过。

知识拓展

某地铁企业演练方案演练背景

某地铁企业演练方案演练背景概况见表1-4-3。

某地铁企业演练方案演练背景概况　　　　　表1-4-3

演练项目			
演练级别		演练形式	
演练计划起止时间		演练地点	
模拟时间		模拟地点	
组织部门			

续上表

参与部门及人员分布情况			
参演主要设备			
事件或故障设置方法			
演练前须完成的准备工作	1. 是否需要向市有关部门通报演练信息	□是	□否
	2. 是否完成通报	□是	□否
演练步骤简要介绍			
启动何种应急处理程序			
行车组织模式			

3. 设置演练观察人员

应急演练中为记录演练中所有岗位人员的行动过程并予以评价，须设应急演练观察人员，演练观察人员由演练组织单位指定。

演练观察人员的主要工作内容如下：

（1）观察参演人员的应急行动，并记录观察结果，观察清单见表1-4-4。

（2）在不干扰参演人员工作的情况下，协助控制人员确保演练按计划进行。

（3）演练实施过程中，演练观察人员须随时监控演练人员和设备设施的安全情况，一旦发现异常，立即停止演练，并迅速汇报。

知识拓展

某市地铁车站站台火灾应急演练方案值班站长岗位观察清单见表1-4-4。

某市地铁车站站台火灾应急演练方案值班站长岗位观察清单　　表1-4-4

观察人员姓名：

运营演练项目	车站站台火灾应急演练		
日期	年　　月　　日		
地点			
负责观察岗位	值班站长		
演练安全措施	①演练的整个过程由现场总指挥控制。贯彻"统一指挥，逐级负责"的原则，参加演练人员必须在现场总指挥的统一指挥下，按照演练方案行动，现场总指挥对演练进度进行控制。 ②演练过程中，现场人员如发现危及行车、人身安全的事件，应立即停止演练，迅速汇报。发现其他问题应及时报告运行控制中心（OCC）和总指挥，按应急处理程序进行处理。 ③由_____负责演练时正常的调度组织工作，负责监督演练，实施安全、有序的调度。 ④演练中的通信联络及使用办法、命令下达、信息传递均应按《突发事件应急预案》《行车组织规则》《运营分公司信息通报流程》相关规定执行，各岗位在运行过程中应保持密切联系		
观察项目	时间记录	观察员意见	
接到行车值班员报告			
宣布执行站台火灾二级处置，执行紧急疏散			
组织受伤乘客救治			
组织穿戴防护用品扑救火灾			
与行车值班员确认排烟效果			
安排人员准备湿毛巾放置在疏散路线			
确认卷帘门下方无障碍物			
确认垂直电梯无困人			
站台乘客疏散完毕			
站厅乘客疏散完毕			
与机电人员确认设备区疏散完毕			
火势无法控制，下达员工疏散命令			
撤离到紧急出入口集中点名			
演练结束			

4. 演练准备

充分的准备工作是应急演练顺利开展的前提。演练方案编写完毕并交至安全主管部门审核，审核完毕后，演练组织部门根据批复意见完成演练方案的修订和下发工作；之后演练组织部门确定具体参演人员（如有多个部门参加需分别列明）并就演练方案进行培训；各参演部门根据演练方案的要求，完成设计演练的各项设备设施、工器具的技术状态确认工作；如某次应急演练影响运营生产，需由演练组织部门向计划生产和维修部门申请演练施工计划。

5. 演练实施

演练按以下程序实施。

（1）演练开始前，由演练组织部门人员向运行控制中心（OCC）请点；

（2）参加演练的人员应在演练前30min到各岗位地点签到就位；

（3）演练组织部门人员按照规定进行演练前的例行检查，确认线路、供电、车辆、执行演练人员等条件符合演练要求，并向现场指挥报告；

（4）演练人员到达岗位后，需立即向现场指挥报告，现场指挥指定人员对演练人员到岗情况进行核对；

（5）现场指挥对演练的各项先决条件进行检查确认后向演练总指挥汇报，报告演练准备工作完成；

（6）演练总指挥确认具备演练条件后，宣布演练开始；

（7）演练实施过程中，工作人员发现演练人员和设备设施的安全情况出现异常，应立即停止演练，并迅速向上级汇报；

（8）演练实施满足结束条件后，由演练总指挥宣布演练结束；

（9）确认演练人员、设备设施、工器具出清后，演练组织部门人员向OCC完成演练销点；

（10）演练结束后由演练组织部门人员按正常情况办理请销点手续，对演练中使用的设备设施技术状态予以确认和恢复，并向OCC报告；

（11）最终由现场负责人员会同演练组织部门人员确认检修人员出清和设备技术状态，并向OCC报告。

四、应急演练方案

城市轨道交通运营企业建立和完善了本企业的突发事件应急救援体系，并定期组织实施预案的演练活动。开展一次突发事件应急演练活动会动用大量的人力、物力和财力，因而在演练之前需要制订完善的演练计划或方案。如果没有编制演练方案或演练方案缺陷较多，演练活动就达不到检验预案的目的。因此，编制科学实用、贴近实战、可提高演练成效的突发事件应急演练方案是应急管理中的重要工作。

为确保应急演练实施工作全面有效开展，应急演练组织工作应按照所涉及的部门和单位分层级开展，一般按照参演人员、涉及设备的范围来划定。涉及外单位的应优先由政府职能部门组织，涉及公司内部多个部门的联合演练优先由公司职能部门组织，涉及公司生产部门内部各分部（车间）的联合演练优先由生产部门职能科室组织，涉及各分部（车间）多个车站（班组）联合演练优先由各分部（车间）专业工程师组织，车站（班组）内部专项业务工作的演练由车站（班组）组织。根据演练组织分级，运营公司级演练方案由安全或技术部门编制，由分管安全领导审核；部门级演练方案由部门专业工程师编制，由部门负责人审核；车站（班组）级演练方案由车站（班组）安全员或者值班站（班）长编制，由部门安全员审核。

1. 应急演练方案主要框架

为保证演练活动的顺利开展，城市轨道交通运营企业编制的各种应急预案的演练方案都有一套科学实用的框架和模式。这样才能顺利完成应急演练活动。

应急演练活动是应急预案从书面走向实战的桥梁，能够检验预案编制的科学性、实用性和有效性，也为城市轨道交通运营企业不断完善应急预案、提高应急预案的可靠性提供了最佳途径。模拟演练并不是简单地将预案中的程序或措施通过口头或行动表现出来，而是假设城市轨道交通某项事故发生或事件场景出现后，应急人员应当顺利有效地处置突发危害因素的行动。因此，应急预案的演练方案应以某项应急预案为基本框架，以演练人员动作节点和程序节奏为主要动作脚本。

城市轨道交通运营企业在反复组织应急演练过程中一般会总结出相对固定的特有的模式，即会形成具备一定共性的演练方案框架，构成方案内容的骨架，为演练程序、动作提供支撑。

演练方案框架如下：

（1）演练目的；

（2）演练类型、规模与响应级别；

（3）假设演练背景和模拟突发事件并确定演练时间；

（4）参演人员构成及职责；

（5）演练准备与演练过程；

（6）演练步骤；

（7）演练检查清单或演练执行效果评估清单；

（8）演练记录与总结表格；

（9）相关说明等。

2. 应急演练方案主要内容

演练方案的内容是演练的关键，内容存在缺陷或偏差会导致演练组织者的目的不能顺利达成，因此方案内容设置至关重要。演练方案中各部分应主要包括以下内容：

1）演练目的

在应急管理体系中，应急预案的类别、级别是不同的。城市轨道交通运营企业制订了综合应急预案、专项应急预案以及现场处置方案。进行演练时，所有预案一起实施是不可能的，只能选择其中一两项。每个项次的演练都有不同的具体目的，因此演练方案首先要规定某项演练的具体目的，为演练活动指明总体目标。

2）演练类型、规模与响应级别

明确演练类型。应急演练分为桌面演练、功能演练、全面演练等多种类型。演练活动应遵循由简及繁、循序渐进的原则，从桌面演练开始，逐步推进到全面演练；由口述场景演练逐步推进到动作行动演练。

明确演练规模与响应级别。无论是政府主管部门制订的预案，还是城市轨道交通运营企业制订的预案，都规定了突发事件发生后应急响应的级别，级别越高则影响范围越大，演练规模也就越大。在演练方案中，应当明确参与人员是单部门参加还是多部门参加；演练是否需要上级或外部给予响应或支持。例如：火灾事故应急救援实战过程中，是否需要单位外部的消防资源给予响应配合，应在方案中明确。

3）假设演练背景和模拟突发事件并确定演练时间

为保障演练的真实性和效果，演练方案需要假设一个演练背景，背景中一般会介绍演练地点、时间、组织部门、参演设备、突发事件处置方法、启动何种应急程序等一系列演练概况。

确定演练的具体时间时，首先应充分考虑各类参演人员参加演练的时段不影响正常的城市轨道交通运营工作；其次应尽量避免过多干扰居民生活、社会道路交通。演练方案中明确演练启动时间是必需的，但是在演练前应当对参演人员保密，以真实地反映参演人员的应急处置能力。

4）参演人员构成及职责

为了达到演练的目的，在演练行动中，需要各类参演人员，即应急行动人员、演练进程控制人员、评价人员、模拟人员、观摩人员等协调、配合，才能完成预案规定的程序或动作。参演人员需要对演练进程和关键动作进行记录，得出对预案文本和演练行动的评价结论。因此在演练方案中，应明确各参演人员的类别、数量及职责。

应急行动人员是根据模拟场景和紧急情况做出反应，执行应急预案中预定程序或动作的人员。由预案中规定的现场指挥、现场救援、应急通信、物资支援等各类人员构成。

演练进程控制人员是管理并设置场景，控制演练行动节奏，监护行动人员的安全，指挥解决现场出现问题的人员，承担现场导演的职责。在演练中，演练进程控制人员应确保应急预案规定的程序或动作得到充分演示，确保演练活动对于演练人员有一定的挑战性，通过"演"的手段达到"练"的目的。由于演练进程控制人员是关系演练的关键人员，所以应当由熟悉应急预案、掌握演练方案的人员担任。

评价人员在演练行动中的工作是观察应急行动人员和模拟人员的行动，并记录演练的详细经过，如：时间、地点、人物、出现的事件、行动是否有效等。在演练过程中，评价人员不应干涉演练人员执行的具体任务，只根据观察到的现象做出记录，便于在演练效果评价时点评演练过程并出具演练报告。为了能够便捷地进行记录，评价人员应事先根据预案和演练方案设计制作评价记录表，以便记录各个事件或动作。进行规模较大的功能演练或全面演练前，评价人员还应当对不同的应急行动人员进行分工评价，以确保对演练效果进行客观评价。

模拟人员是演练场景中与应急行动人员相互作用的人员。其主要职责是模拟事故场景中的人员（负伤者、干扰者等）、外部救援机构的人员、围观人员、采取行动的志愿者等。模拟人员的设置应当与场景设置相统一，其现场动作越逼真，就越能够检验出应急行动人员现场处置的能力。

观摩人员一般由政府应急管理机构的人员、企业上级主管部门的领导、应急管理专家、友邻单位或附近居民的代表构成。对于生产经营单位内部来说，各级领导、相关部门的人员都可构成演练观摩人员，不同类别和规模的演练可邀请不同的观摩人员参与。观摩人员到场实地观摩演练过程，是一个关键环节，因为外部人员的评价意见受主观影响小，具有客观性，且外部专业管理人员和专家的指导对提升本单位的应急管理水平作用明显，同时城市轨道交通运营企业还可以借此机会向政府、上级部门、友邻单位、附近居民展示本单位应对突发事件的能力。

5）演练准备与演练过程

演练准备与演练过程是演练方案中的重点内容，是演练方案的重心，各种类型、规模的演练都应事先做好详细的准备工作。

在应急救援预案中，一般只对应急措施进行了规定，没有对潜在事故的场景进行详细描述。因此演练设计人员在策划演练过程时，应设想事发具体位置、破坏程度、伤亡情况、人员受困情况等内容，并设计编排场景出现的顺序，以便训练并检验应急行动人员的临场处置能力。还可以通过应急行动人员对模拟场景的处置状况，检验应急救援预案是否存在缺陷。

6）演练步骤

在应急救援预案中已经对某突发事件的预设环节情境和各岗位步骤进行详细的规定和描述，确立了预案执行每一阶段应完成的阶段目标。编写演练方案时，要根据预设的演练背景和设备设施环境进行针对性设计和编排，按照真实场景演练执行的时间线确定不同岗位并行顺序，满足贴近实战的要求。

7）演练检查清单或演练执行效果评估清单

演练检查和评估主要是针对应急演练项目中出现的临时状况措施、边界划定、模拟场景合理性、流程过渡性假设、检验是否契合实际及实施风险辨识等进行评估。因此，需对组织具体演练项目进行边界设定，需对人员状况、设备工况及演练预想进行吻合性检查，构建演练项目的评估指标，编制演练检查清单或演练执行效果评估清单。演练评估表参见表1-4-5。

8）演练记录与总结表格

为方便评估人员跟踪和记录参演人员的演练行为和活动执行情况，在演练准备环节，需要提前编制演练记录报表和总结表格，方便记录和分析演练活动是否顺利执行并达成目标。

9）相关说明

相关说明属于演练方案的附录内容，用以补充说明演练方案的细节。主要包括演练现场示意图、演练费用预算、聘请外部人员名单、风险评估及控制措施等。

由上可知，演练方案是演练策划人员依据预案和假设的事故场景编制的"演练剧本"，目的是检验和提高应急行动人员应对生产安全事故的现场处置能力，并通过潜在的事故场景模拟事故在发生或发展阶段出现的景象，以贴近实战的方式对生产安全事故预案进行演练。因此，演练方案是预案由文本转为行动必不可少的过渡性文件，只有完善的演练方

任务内容

案，才能指导预案演练行动顺利且有效实施。

知识拓展

某企业演练评估表见表1-4-5。

某企业演练评估表 表1-4-5

演练项目					
演练组织部门		演练级别		演练形式	
演练时间			演练地点		

演练概况：

演练过程记录				
序号	时间	过程描述		存在的问题

重要时间段统计				
序号	过程	起止时间	预计耗时	实际耗时

评估总结				
内容	评价			意见
员工表现	□优秀	□良好	□合格	□不合格
预案执行情况	□优秀	□良好	□合格	□不合格
预案可行性	□优秀	□良好	□合格	□不合格
演练方案及步骤的可操作性	□优秀	□良好	□合格	□不合格

续上表

设备功能表现	□优秀	□良好	□合格	□不合格

演练设备恢复情况		
设备名称	恢复情况	责任人

总评价意见：

演练总体评价	□优秀	□良好	□合格	□不合格

演练工作组评价及改进建议				
序号	存在的问题	改进措施	责任部门	完成时间

演练总指挥/主持人（签名）：

五、应急演练评估

应急演练评估是指观察和记录应急演练活动，比较应急演练参与人员的表现和演练目标的要求，并提出改进意见的过程。

应急演练评估主要包括评估组织与准备、评估指标体系建立、观察演练和收集资料、分析资料、完成评估报告等基本步骤。

1. 评估组织与准备

在演练前做好评估组织与准备工作是演练评估最基础的工作。

应急演练评估的组织工作非常有必要，做好组织工作可以更有效地完成演练评估。评估组织与准备工作主要涉及组织评估团队、确定评估计划、召开演练前会议等几个方面。

城市轨道交通运营突发事件应急演练往往涉及的范围广、岗位众多、演练逻辑复杂，需要检验的项目较多，所以通常需要组织一个有针对性的评估团队。评估团队应该有一个熟悉演练目标、政策、计划、内容并具备管理和分析能力的资深技术人员担任评估负责人。评估团队其他队员应由演练所需检验的各项目标领域富有经验的人员担任，并分配相关的职责和工作。

正式演练前需要制订评估计划。评估计划应包括四个方面的内容：第一，评估时间表。第二，评估人员的组织安排、职责分配和具体位置。第三，评估指标的解释。第四，给评估人员下达的指示。

在演练开始之前，评估负责人召开有关控制人员和评估人员会议，核实各项准备工作，确保评估人员理解计划的各项事项，回答评估人员的疑问，从而保证评估工作顺利进行。

2. 评估指标体系的建立

评估指标是进行突发事件应急演练评估的基础，任何评估行为都离不开评估指标。一组既独立又相互关联并能够完整地体现评估要求的评估指标就组成了评估指标体系。评估指标体系的建立需遵循以下原则。

第一，科学性原则。科学性原则主要体现在理论和实践相结合，以及所采用的科学方法等方面。在理论上要站得住脚，同时又能反映客观事实。要抓住最重要、最本质和最有代表性的东西。对客观事实描述得越清楚、越简练、越符合实际，科学性就越强。

第二，系统化原则。评估对象必须采用系统化的指标进行衡量，这些指标必须相互联系和制约，较客观、全面、系统地反映被评估对象。

第三，目的性原则。任何指标体系的建立都是具有一定目的的。突发事件应急演练评估指标体系的建立目的在于对演练过程各个环节运行情况作出合理、科学的评估，反映演练的真实程度，为决策者提供科学有效的方法来规范当前突发事件应急演练的实施。

第四，可操作性原则。可操作性是指标体系建立的基础，没有可操作性的指标就形同虚设。一方面，指标体系要为各部门制订各种具体的演练评估指标体系提供指导；另一方面，指标体系要立足运营公司现状，切实可行，便于实际操作实施。

第五，指导性原则。评估的一个重要目的就是引导和鼓励被评估对象朝着正确的方向和目标发展。城市轨道交通运营突发事件应急演练评估指标体系的设计，可为提高运营人员应对城市轨道交通运营突发事件的能力提供导向性。

根据以上原则，针对不同演练方案确定应急演练评估指标，制订应急演练执行评估表。

📖 知识拓展

某地铁企业演练方案中设备区气灭保护房火灾演练执行评估表见表1-4-6。

某地铁企业演练方案中设备区气灭保护房火灾演练执行评估表　　表1-4-6

序号	评估人	评估地点	评估对象	评估内容	是否正确执行
1		运行控制中心（OCC）	值班主任	（1）向行调、环调了解具体情况。视情况报"120""119"	
				（2）向当值调度宣布：执行车站设备房火灾事故应急处置程序	

序号	评估人	评估地点	评估对象	评估内容	是否正确执行
1		运行控制中心（OCC）	值班主任	（3）制订应变措施，要求各调度组织各工种人员做好灭火救灾的支援工作	
				（4）按有关程序进行通报。接到上级指示时，及时传达执行	
				（5）制订小交路运营方案，指挥行调执行；视情况启动应急公交接驳预案	
				（6）协调各调度工作并监督处理进度	
2		运行控制中心（OCC）	行调	（1）确定火点、火情及伤亡情况并报告值班主任。处理过程中与环调加强沟通	
				（2）影响接触网供电时组织相应的列车运行方式	
				（3）通报火情，要求各站按规定做好相应措施	
				（4）若为通信、信号设备房发生火灾，在接到维调通知该设备准备停止使用时，通知相关车站影响情况，并通知相关车站将使用的通信方式或信号模式	
				（5）火灾扑灭后，恢复正常运营	
3		运行控制中心（OCC）	维调	（1）接收火灾事故情况报告，确定着火具体位置。报告设施部相关领导	
				（2）通知设施部相关部门负责人，安排处理设备善后工作。需要时，通知设施部相关部门人员停用相关设备，必要时通知值班人员撤离火灾现场	
				（3）使用乘客信息系统（PIS）向全线发布晚点或其他相关的信息	
				（4）火灾扑灭后立即组织、协调设施部等相关部门检查设施设备，恢复设施设备使用	
				（5）需要抢修时，和值班主任制订抢修方案，跟踪抢修情况，并向值班主任通报	
				（6）统计火灾对设施设备的影响情况。组织设施部抢修人员协助事后的公安和相关部门的调查	

任务内容

任务内容

序号	评估人	评估地点	评估对象	评估内容	是否正确执行
4		运行控制中心（OCC）	电调	（1）通知变电站值班员车站火灾情况	
				（2）注意监视火灾车站变电站设备的运行情况	
				（3）必要时通知变电站值班员切断相关的供电电源	
				（4）确保紧急照明系统、排风系统的电源供应	
				（5）事故处理完毕，通知相关人员检查设备运行情况。根据行调通知，恢复相关的牵引供电	
5		运行控制中心（OCC）	环调	（1）确定着火车站及具体着火位置，并立即通报值班主任及行调	
				（2）确认机电设备监控系统，能否自动启动相应火灾模式。如不能，手动执行相应的小系统火灾模式并根据火灾影响的情况关闭大、小环境及隧道通风系统。若环调不能远程控制，通知车站值班员在综合后备盘（IBP）上操作相应模式	
				（3）通知维调安排维修人员配合救火并指导车站组织自救和配合消防队灭火	
				（4）气体保护房着火，确认气体自动灭火系统启动灭火，喷气完毕指挥车站人员确认灭火情况，确定火灾扑灭后，执行相应模式	
				（5）随时与事故车站保持联系，及时掌握现场情况，并通报值班主任	
				（6）火灾扑灭后，恢复现场设备正常运行	
6		站厅及站台	值班站长	（1）接到行车值班员报告，立即通知厅巡岗（带备品：防烟面具、灭火器）一起到现场确认	
				（2）到达现场后通过房门玻璃、房门温度、是否有烟冒出等确认是否着火，如果无法判断，则在确认放气指示灯灭的情况下，打开房门进行确认（必须保证房门敞开），如确实着火，火势较小时可用灭火器灭火，若火势较大则立即退出房间，关闭房门后按压保护区门外的紧急启动按钮进行喷气灭火。汇报车控室	
				（3）喷气后，根据环调指示再次到现场确认，若明火已熄灭则报车控室，若没有熄灭则执行设备区无气体保护房间火灾应急处理程序	

续上表

序号	评估人	评估地点	评估对象	评估内容	是否正确执行
7		车控室	行车值班员	（1）通过视频监控系统（CCTV）或火灾自动报警系统（AFAS）监控发现火灾报警后，通知值班站长现场确认	
				（2）报告行调车站火灾情况，并报告部门领导	
				（3）与行调、值班站长保持联系	
				（4）若现场火势较大，根据值班站长的指示将火灾报警系统（FAS）由手动模式转为自动模式，并向行调和环调汇报	
				（5）若喷气后火灾无法扑灭，执行设备区无气体保护房间火灾应急处理程序	
				（6）报告行调现场清理完毕和线路出清情况	
8		站厅及站台	客运值班员	（1）收好票款到车控室协助行车值班员工作，检查排烟模式是否开启，中央级控制不能实现时，按控制中心指令操作车站设备监控系统（BAS）	
				（2）若火灾无法扑灭，执行设备区无气体保护房间火灾应急处理程序	
				（3）火灾扑灭后在值班站长指挥下清理现场	
9		站厅及站台	厅巡岗	（1）接报火警后带备品与值班站长一起到现场确认，需要进房间确认时保持房门敞开	
				（2）协助灭火工作	
				（3）若火灾无法扑灭，执行设备区无气体保护房间火灾应急处理程序	
				（4）火灾扑灭后在值班站长指挥下清理现场	
10		站厅及站台	票务岗	若火灾无法扑灭，影响正常运营，则按值班站长的指示启动设备区无气体保护房间火灾应急处理程序	
11		站厅及站台	站台岗	若火灾无法扑灭，影响正常运营，则按值班站长的指示启动设备区无气体保护房间火灾应急处理程序	
12		站厅及站台	保洁、保安岗	若火灾无法扑灭，影响正常运营，则按值班站长的指示启动设备区无气体保护房间火灾应急处理程序	

任务内容

续上表

序号	评估人	评估地点	评估对象	评估内容	是否正确执行
13		车控室	火灾报警系统（FAS）	FAS 正确报警	
				FAS 正确执行消防联动操作	
				FAS 发送火灾模式信号	
				气体灭火系统正确执行消防联动操作	
14		车控室	综合监控系统（ISCS）	ISCS 正确显示系统信息（或正常操作）（中心级信息由环调评估员反馈给设备评估员）	
				ISCS 正确执行消防联动操作	
			车站设备监控系统（BAS）	BAS 启动正确的火灾模式	
				BAS 正确执行消防联动操作	
15		站厅及站台	通风空调	通风空调系统正常启动、及时排烟，无串烟	
			液压梯	液压升降梯正常平层、开门	
			低压配电	非消防电源正确切除	
16		0.4kV 开关柜室	供电设备	非消防电源正确切除	
17		车控室及站厅	自动售检票系统（AFC）	AFC 闸机正常开放	
执行力总评分					
评估内容共计 A 项					
正确执行共计 B 项					
执行力总得分（B/A×100）					

注：1. 行调-行车调度员；环调-环控调度员；维调-维修调度员；电调-电力调度员；

2. 个别评估内容如在演练中未发生或无须执行的，可不做评估，不计入评分中的评估项数；

3. "是否正确执行"一栏，正确打"√"，错误打"×"，不做评估画"—"。

3. 观察演练和收集资料

提前将评估人员分配在可以收集有用信息的位置，跟踪和记录演练参与者的关键行为。在演练以后，根据评估人员记录的信息，分析活动和任务是否得到顺利执行，目标是否顺利实现。对于关键行为，一般都要提前设计好报表格式，引导评估人员记录。

4. 分析资料

分析资料是评估人员对演练期间收集的资料进行分析并且把它们转换成叙述演练过

程、人员表现的优势和问题、怎么改善等的叙述摘要。

叙述摘要包括以下几项要求：第一，详述目标展开过程；第二，客观陈述事实和观察结果；第三，突出积极的方面，同时鉴别任何可能存在的问题；第四，避免主观意见；第五，记录存在的问题并提出改进方法等。

5. 完成评估报告

演练最终要形成评估报告，评估报告要包含评估过程中所使用的评估方法、具体的评估表格、最后的评估结论等。

技能工作页 车站组织桌面演练

一、岗位分组

本次任务为首次开展车站桌面演练技能训练，各组采用班组轮值制度，学生按照预案分配角色，轮流扮演值班站长、行车值班员、客运值班员、站务员等角色，每个组员都有锻炼组织协调、班组管理、考核评价、总结汇报等能力的机会。通过小组协作，培养学生团结合作、互帮互助精神和协同攻关能力。各组根据角色分配填写表1-4-7。

任务分组表

表 1-4-7

组号		组名（车站名）	
组训			
团队成员	学号	角色指派	岗位职责
		值班站长	组织桌面演练；按照预案岗位要求演练
		行车值班员	按照预案岗位要求演练；完成各项考核任务
		客运值班员	协助值班站长组织桌面演练；按照预案岗位要求演练
		站务员1	按照预案岗位要求演练
		站务员2	按照预案岗位要求演练
		……	……

二、文件依据

请各组同学依据表1-4-8，组织开展应急演练方面的法规和标准规范等文件的学习，掌握应急演练相关文件要求。

应急管理相关法律法规文件依据

表 1-4-8

文件名称	文号/标准号	任务相关文件内容学习
《城市轨道交通运营突发事件应急演练管理办法》	交运规〔2019〕9号	城市轨道交通运营突发事件应急处理适用范围和要求
《地铁安全疏散规范》	GB/T 33668—2017	地铁车站安全疏散技术要求和应急救援备品

三、引导问题

1. 城市轨道交通车站开展应急演练的必要性

城市轨道交通车站开展应急演练的必要性主要体现在哪些方面？

2. 城市轨道交通车站应急演练的开展

（1）常见的城市轨道交通应急演练形式有哪些？分别适用于什么场景？

技能工作页

（2）车站组织应急演练应做好哪些准备？

（3）车站应急演练的评估应该关注哪些方面？

3. 城市轨道交通车站应急演练的开展成效

请依据PDCA（Plan，Do，Check，Act）循环的基本原理，思考如何保障车站应急演练的开展成效。

四、任务布置

1. 组织桌面演练

根据某车站应急疏散演练方案，由轮值值班站长组织，客运值班员担任观察员，其他组员按照岗位角色分工，开展"车站紧急疏散"的桌面演练技能训练。

2. 制作桌面演练道具

（1）绘制车站桌面演练示意图。各演练小组任选一城市轨道交通车站，采用0号图纸（841mm×1189mm）等比例绘制车站站台、站厅和车控室的平面布局图，车控室平面布局图上应绘制综合监控等各项系统的状态显示区域。

（2）制作设备设施状态卡。设备设施状态卡大小与车控室平面布局图状态显示区域相同，正、反面分别写上"开""关"等字样，用于标记设备设施状态。

（3）制作岗位人员状态卡。在岗位人员状态卡上写上岗位名称，以便在车站桌面演练示意图上标记车站各岗位位置状态。

3. 演练记录和评估

演练过程中由客运值班员或其他组观察员拍摄视频，演练结束后由客运值班员和行车值班员填写演练实施记录及评估报告，就演练小组演练过程给出评价。

五、演练实施记录及评估报告

根据演练实施过程，完成表1-4-9。

演练实施记录及评估报告 　　　　　　表1-4-9

演练项目：车站紧急疏散应急演练							
班级		演练小组			评估小组		
演练小组 分工	组长		组员		组员		组员	
	岗位		岗位		岗位		岗位	
	组长		组员		组员		组员	
	岗位		岗位		岗位		岗位	
演练时间	年　月　日			演练地点			
演练概况：							

续上表

演练过程记录			
序号	时间	过程描述	存在的问题

评估总结				
项目	评价			意见
小组协同情况	□优秀	□良好	□合格 □不合格	
各岗位表现情况	□优秀	□良好	□合格 □不合格	
演练效果情况	□优秀	□良好	□合格 □不合格	
演练方案编制	□优秀	□良好	□合格 □不合格	

总评价意见：

演练总体评价	□优秀	□良好	□合格	□不合格
演练小组评价及改进建议				

序号	存在的问题	改进措施

技能工作页

六、评估报告

各组介绍任务完成情况并提交相关材料，进行小组自评、组间互评、教师评价，完成考核评价表 1-4-10。

考核评价表　　　　　　　　　　　　　　　　　　　　表 1-4-10

序号	评价项目	评价内容	分值	自评（30%）	互评（30%）	教评（40%）	合计
1	职业素养	分工合理，制订计划能力强，严谨认真	5				
		爱岗敬业、安全意识、责任意识、服从意识	5				
		团队合作、交流沟通、互相协作、分享能力	5				
		遵循国家文件要求和行业规范	5				
		主动性强，保质保量完成技能工作页相关任务	5				
		具备有效组织工作的能力	5				

续上表

序号	评价项目	评价内容	分值	自评（30%）	互评（30%）	教评（40%）	合计
2	专业能力	熟悉地铁车站应急疏散法律法规的各项要求	10				
		能初步理解专项应急预案内容和意义	10				
		能根据应急预案演练方案熟练组织人员开展桌面演练	20				
		应急演练知识融会贯通，达到考核要求	20				
3	创新意识	针对桌面演练在场景、角色扮演等方面创新设计，提高演练效果	5				
		对应急演练组织成效进行有效评估	5				
合计			100				
评价人			评价时间				

技能工作页

城市轨道交通运营生产突发事件应急处理

项目说明

　　本项目围绕城市轨道交通运营生产中站台门故障、客伤、大客流和大面积停电等突发事件，要求学生熟悉运营生产突发事件产生的原因、应急处理原则和方法，掌握运营生产突发事件应急处理的岗位流程，培养学生面对突发事件时的应急处置专业素养，提高学生的应急处置和应变能力。

项目目标

1. 知识目标

（1）深刻领会车站运营生产突发事件处理基本原则。

（2）理解突发事件信息报告的流程和要素。

（3）了解站台门系统的安全隐患及掌握站台门突发事件应急处理原则和方法。

（4）掌握客伤突发事件的处理原则、方法和岗位职责。

（5）掌握大客流的处理原则、方法和岗位职责。

（6）掌握大面积停电的处理原则、方法和岗位职责。

2. 能力目标

（1）基本熟悉演练中各运营岗位处理特点和要求，掌握各种演练方式及通用性环节。

（2）熟练制订演练方案，并根据演练方案履行岗位职责，开展演练。

（3）能够使用标准用语进行突发事件信息汇报。

（4）具备车站站台门故障和夹人夹物等突发事件应急处理能力。

（5）具备车站客伤突发事件应急处理能力。

（6）具备车站各级大客流突发事件应急处理能力。

（7）具备车站大面积停电突发事件应急处理能力。

3. 素养目标

（1）培养民族自豪感，助力交通强国建设。

（2）结合车站各岗位应急技能训练与职业态度教育，培养应急反应能力和决策能力以及敢于担当、勇于负责的品质。

（3）通过熟知各类突发事件的成因培养安全防范意识和遵章守规的职业习惯。

（4）培养处理突发事件时，沉着冷静、临危不惧的工作态度和严谨务实、求实创新的个人品质。

建议学时

10 学时。

任务1　站台门系统突发事件应急处理

　　城市轨道交通站台门系统是随着城市轨道交通的不断发展而产生的。站台门系统自诞生以来，在城市轨道交通车站得到了很好的应用。站台门系统除了保障列车、乘客进出站时的绝对安全之外，还可以大幅度减少司机瞭望次数，减轻司机的思想负担，并且能有效减少空气对流造成的站台冷热气的流失，减少列车运行产生的噪声对车站的影响，为乘客提供舒适的候车环境，具有节能、安全、环保、美观等优点。但是这仅限于站台门系统正常运转时，一旦系统发生故障，就会引发多种安全事故和突发事件。

一、站台门系统的隐患

站台门系统故障主要会带来下列安全隐患：

（1）站台门突然开关，导致乘客跌落站台。

（2）站台门玻璃脱落，玻璃碎渣砸伤乘客或者掉入轨道影响行车安全。

（3）站台门倒塌，导致乘客跌落站台。

（4）站台门漏电，导致乘客触电。

（5）站台门门槛突起，导致乘客上下车时被绊倒。

（6）应急门无法打开，紧急情况下导致疏散受阻。

（7）滑动门无法打开，影响乘客上下车，导致列车晚点。

（8）端头门被列车进入站台时产生的气压推倒，乘客和站务员掉下路轨，造成伤亡。

（9）站台门震荡，导致列车与站台门碰撞，造成乘客及员工受伤或死亡。

（10）站台门上盖板燃烧冒烟，导致站台失火，引起人员伤亡。

（11）乘客被站台门和车门夹住或撞击，正常情况下影响乘客上下车，延误列车运行，紧急情况下延误疏散。

（12）站台门在无列车进入站台时开启，导致乘客或员工跌入轨道。

> **引以为戒**
>
> ### 站台门系统故障案例
>
> 　　2011年9月1日7：55，广州地铁三号线燕塘站站台门在列车到站后无法自动打开。故障发生后，地铁公司及时启动应急预案，组织技术人员抢修。8：45，燕塘站站台门恢复正常运作。故障期间，车站人员手动开启站台门维持正常运营，乘客上下车未受影响。这一事件造成机场南和体育西路之间区段列车最长延误6min。
>
> 　　2014年11月6日18：57，北京地铁5号线（惠新西街南口站）一名女性乘客在乘车过程中卡在站台门和车门之间，间隙如图2-1-1所示。列车启动后，该乘客

掉下站台。车站工作人员立即采取列车紧急停车和线路停电措施，迅速将受伤乘客抬上站台并送往医院。经医院抢救无效，该乘客不幸身亡。

图 2-1-1　站台门与车门的间隙

❓ **学习与思考**

站台门有哪些控制方式？不同优先级控制分别在什么场景下应用？

二、站台门系统突发事件产生原因

分析站台门系统突发事件反映的问题，可以看出站台门系统突发事件的产生原因主要有以下几个方面。

1. 站台门系统故障

站台门系统的两个工作原则是：列车进站停稳和对齐之前，站台门不能打开；所有站台门关好之前，列车不能离站。一般来说，站台门的大多数故障表现为不能正常开关门，从而影响列车正常进出站。

站台门系统故障按故障位置可分为门体故障、门机故障、电源故障和控制故障。门体故障又可以细分为滑动门故障、应急门故障等，控制故障又可以分为站台门系统控制器（PSC）故障、门控单元（DCU）故障等。按故障表现可分为无法开门故障和无法关门故障。按内外因可分为内部故障和外部故障。例如，乘客或异物夹在站台门之间导致无法正常关门的故障，属于外部故障；行走轮磨损导致的故障，属于内部故障。按故障规模分类，可以分为单个门故障和多个门故障、单侧门故障和双侧门故障。按故障原因的物理类型可分为机械故障、电气故障、电子故障、信号故障等。按故障发生后是否需要人工临时介入可分为介入型故障和非介入型故障。例如，关闭锁紧指示灯灭导致列车无法离站，需要站务人员使用"互锁解除"开关发车，属于介入型故障；站台门关闭过程中出现二次关门现象，且不影响列车正常进出站，是非介入型故障。

2. 缺乏站台门和车门间障碍检测装置

目前国内普遍采用以下几种方式检测站台门和车门间障碍，如通过比较开关门速度曲线中的预期电机电流和测量到的电机电流调整车门和站台门的夹紧力检测障碍物；在站台门与车门的空隙中加装激光探测器检测障碍物等。

3. 工作人员安全工作不到位

大部分地铁车站在列车尾部处站台门与车门缝隙中间设置高 2m 左右的纵向可视光带，供司机关门前人为判断有无障碍物，如果司机发车前未检查，站务员对站台门的安全保障意识不强，值班员监控不到位，不能及时发现意外情况或联控不及时，就可能造成夹人夹物的意外突发事件。

4. 乘客缺乏安全意识

乘客在站台候车时，未按照要求站在黄线外；站台门关门蜂鸣器响起后，乘客强行上下列车冲门；不少乘客不了解车门或站台门相关安全设施设备及其使用方法，如站台门夹人情况下如何在轨道侧通过紧急推杆解锁推开站台门等。

三、站台门系统突发事件应急处理原则

（1）发生站台门系统故障时，应坚持"先通后复"的原则，当无法隔离（旁路）时，应先发车再处理。

（2）与信号系统联锁后，在受限制的人工驾驶（RM）、受监控的人工驾驶（SM）、自动驾驶（ATO）模式下站台门均可实现与车门同步开关；在反方向运行及非限制人工驾驶（URM）模式下，必须使用就地控制盘（PSL，如图 2-1-2 所示）开关站台门。

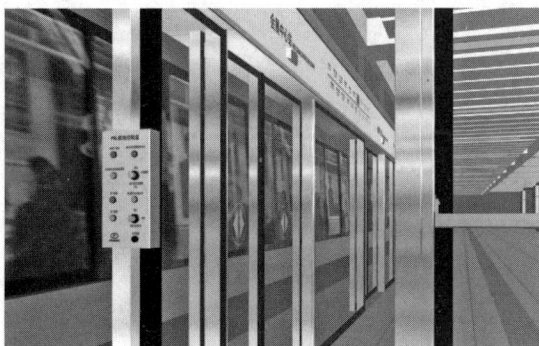

图 2-1-2　就地控制盘（PSL）

（3）故障站台门断电不能代替隔离（旁路），要保持站台门开启状态则必须断电；要保证故障站台门不影响行车则必须隔离（旁路）。

（4）因站台门故障影响列车接发时，首列车接发不需使用互锁解除，后续列车（即自第二列起）使用互锁解除接发车。

（5）仅在钥匙断在头端墙 PSL 锁孔时操作尾端 PSL。

（6）故障站台门修复后，由行车调度员负责组织，车站和司机配合，利用下一列车进行一次相应侧的站台门开关门试验。

（7）在无列车停靠站台需要人工手动打开单个或多个站台门时，车站必须征得行车调度员同意，先将门隔离（旁路）和关闭电源，并密切注意站台信息等离子显示屏（PDP）显示列车到站时间；当显示"列车即将到达"信息时必须停止操作。

（8）对已开启的站台门进行断电前，须征得行车调度员同意，并按压紧急停车按钮防护。

（9）车站站台门备用钥匙要求统一放在监控亭，站台岗站务员（以下简称站台岗或站台保安）负责保管。

（10）当一节车厢对应站台门全部不能正常开启时，需至少手动打开一个滑动门（尽量打开对应车厢中间的滑动门），将其隔离（旁路）和断电，引导乘客上下车，车站告知行车调度员通知后续列车司机。

（11）已打开的滑动门必须设置安全防护栏或安排专人看护。专人看护时，原则上每个人监护一节车厢一侧车门对应数量的相邻站台门（A 型车 5 个站台门，B 型车 4 个站台门），即看护人数等于列车编组数。

? 学习与思考

什么情况下需对站台门采取旁路模式和互锁解除操作？操作时应考虑哪些安全要求？

📖 知识拓展

旁路和互锁解锁

1. 旁路

站台门故障无法正常关闭影响列车运行或全自动运行系统情况下间隙探测系统发生设备故障、探测不灵敏、与信号系统接口失灵等，应选用旁路模式，以实现互锁解除。

旁路通过门头模式开关"手动开"或"手动关"位可以将单个门单元从控制回路中脱离出来，也可以操作就地控制盘（PSL），将"互锁解除"置于"ON"挡位，旁路整侧站台门安全回路。旁路后的站台门不接收信号系统和就地控制盘或综合后备盘（IBP）控制命令，且门体开关状态不影响反馈给信号系统的"关闭锁紧"信号，能够保证正常运营。

2. 互锁解锁

因站台门故障而不能发车时，在就地控制盘上操作弹性自动复位互锁解除开关（图 2-1-3），强制发送互锁解除信号给单元控制器（PEDC），PEDC 再把该信号传送到信号系统，即使 PEDC 没有收到站台门发出的滑动门/应急门（ASD/EED）关闭且锁紧信号，ASD/EED 互锁优先信号也会传送到信号系统。使用互锁解除操作时，车站须立即报告行车调度员。

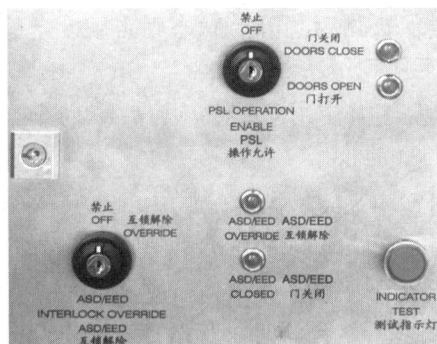

图 2-1-3　就地控制盘互锁解除开关

四、常见站台门系统故障应急处理

1. 站台门玻璃破碎应急处理

1）站台岗

①发现玻璃破碎（图 2-1-4）报告车控室，如是滑动门/应急门爆裂，应将该门隔离（旁路）、断电。

二维码

屏蔽门系统
故障应急处理演练

图 2-1-4 站台门爆裂场景

②如玻璃未掉下来，将其左右相邻两个滑动门隔离（旁路）、断电后处于常开状态[端门破碎时将邻近的滑动门隔离（旁路）后处于常开状态]。

③使用封箱胶纸将破碎的玻璃粘贴住，设置隔离带并张贴告示牌。

④加强对相关站台门监督防护，提醒乘客注意安全。

2）行车值班员

①接报后，通知值班站长到场处理。

②做好乘客安全广播。

③通报行车调度员、维修承包商、维修调度员。

3）值班站长

①接报后组织员工处理，并赶赴现场。

②如玻璃掉下来则组织清扫。如掉到轨道影响列车行车安全应向行车调度员报告，请点进入轨行区清理。

2. 使用就地控制盘（PSL）的专用锁钥匙断在锁孔中的处理

1）司机

①如钥匙断在"门关闭"位，上下客完毕且站台门已关闭，关闭车门动车后报行车调度员。

②如钥匙断在"禁止"/"门关闭"位，乘客尚未上下或断在"门打开"位时，立即将情况报车控室，要求派站台岗到尾端 PSL 操作站台门。待站台岗关闭站台门后，关闭车门动车，并将情况报告行车调度员。

2）行车值班员

①接报后，通知站台岗到尾端墙协助开关站台门。

②通报行车调度员、维修承包商、维修调度员。

3）站台岗

①列车乘客未曾下车时，通过尾端 PSL 开启站台门。

②确认乘客上下车完毕后，操作 PSL 关闭站台门。

③后续列车到达对标停稳后通过尾端 PSL 开启站台门。乘客上下车完毕（或列车开门约 20s 后），操作 PSL 关闭站台门。

4）行车调度员

通知运行前方站交一新钥匙给司机。

5）运行前方站值班站长

与司机交接新钥匙。

3. 列车到站后整侧滑动门不能同步开/关

1）司机

①操作 PSL 开/关站台门。

②将情况报告行车调度员。

2）行车调度员

①通报维修及监控调度员。

②后续列车仍出现不能同步开/关滑动门的情况时，通知车站报维修承包商。

4. 列车到站后，一个或数个滑动门不能正常打开

1）司机

①视情况适当延长当前站停靠时间，并报告行车调度员。

②乘客上下车完毕后，关门动车。

2）站台岗

①将情况报车控室。

②引导乘客从正常的门上下车。

③在故障门上张贴故障告示。

3）行车值班员

①多个门故障时报告值班站长和行车调度员。

②做好站台乘客广播，引导乘客从正常门上车。

③通报维修承包商、维修调度员。

4）值班站长

①多个门不能打开时，组织人员现场引导乘客从正常的门上下车。

②当一节车厢对应站台门全部不能正常开启时，需至少手动打开一个滑动门，并将其隔离（旁路）和断电，引导乘客上下车。

5）行车调度员

多个门故障时，通知线上后续列车司机做好乘客广播。

6）后续列车司机

多个门故障时，做好乘客广播，引导乘客从正常门下车。

5. 列车发车前，一个或数个滑动门不能正常关闭

1）站台岗

①单个门故障时，将故障门隔离（旁路），向司机显示"好了"信号，待发车后手动将该门关闭，并张贴故障告示。无法旁路时，先显示"好了"信号，发车后再处理。

②两个门不能关闭时，将就近一个门隔离（旁路）后，手动将其关闭。到另一个故障门确认无夹人夹物后，向司机显示"好了"信号，待发车后将其隔离（旁路）或手动关门（图 2-1-5），并张贴故障告示。

③两个以上门故障时，立即报告车控室，对开启的滑动门设置安全防护。开启的滑动门做好安全防护或人工看护（人工看护时原则上每个人可监护一节车厢一侧车门对应数量的相邻站台门，A 型车 5 个站台门，B 型车 4 个站台门）后，向司机显示"好了"信号。待列车出发后将故障门隔离（旁路）和手动关门，并张贴故障告示。

图 2-1-5　自动滑动门（ASD）模式开关四个位置

④对手动不能关闭的滑动门，加设安全防护栏，并加强监督防护。

2）行车值班员

①通报行车调度员、维修承包商、维修调度员。

②后续列车加强车站站台乘客广播，引导乘客从正常门上车。

3）值班站长

①多个滑动门故障时，组织人员协助设置安全防护栏或人工看护。

②组织人员对开启的滑动门加强监督防护。

4）司机

①报告行车调度员。

②凭站台岗"好了"信号动车。

6. 列车到站后，整侧滑动门不能打开 [使用就地控制盘（PSL）仍不能开启]

1）司机

①使用就地控制盘（PSL）（头端墙）重新开门一次，如无效立即报车控室。

②广播引导乘客自行手动开启站台门上下车，同时报行车调度员。

③凭站台岗"好了"信号，关闭车门动车 [列车能收到速度码时，以受监控的人工驾驶（SM）模式限速 30km/h 驶离车站]。

2）行车值班员

①通知站台岗手动打开滑动门。

②通报值班站长、行车调度员、维修承包商和维修调度员。

③做好乘客广播。

3）站台岗

①按每节车厢不少于一个门要求，手动打开滑动门，并将其断电。引导乘客从已开启门上下车。乘客上下车完毕，对开启的滑动门做好安全防护（或人工看护）后，向司机显

示"好了"信号。

②做好安全防护，对开启的滑动门采取隔离（旁路）措施。后续列车到站后组织乘客从已开启的站台门上下车，乘客上下车完毕后，向司机显示"好了"信号。

4）值班站长及车站其他员工

①按每节车厢不少于一个门要求，手动打开滑动门，并将其断电。

②引导乘客从开启门上下车。

③对开启的滑动门加强监督防护，对开启的滑动门采取隔离措施。

5）行车调度员

通知线上后续列车司机做好乘客广播，适当延长站停时间。

6）后续列车司机

①做好乘客广播，通知乘客从已开启的站台门下车，适当延长站停时间。

②列车能收到速度码时，以受监控的人工驾驶（SM）模式限速30km/h驶离车站。

7. 列车发车时，整侧滑动门不能正常关闭［操作就地控制盘（PSL）仍不能关闭］

1）司机

①立即报车控室，报告行车调度员。

②凭站台岗"好了"信号以受限制的人工驾驶（RM）模式动车离站。

2）站台岗

立即报车控室，并：

①对开启滑动门设置安全防护。

②开启的滑动门做好安全防护或人工看护（人工看护时原则上每个人可监护5个相邻站台门）后，向司机显示"好了"信号。

③后续列车待乘客上下车完毕并做好安全防护后，向司机显示"好了"信号。

3）行车值班员

①通报值班站长、行车调度员、维修承包商、维修调度员。

②加强车站站台乘客安全广播。

4）值班站长

接报后，组织人员加强对开启的滑动门的监督防护（人工看护时原则上每个人可监护5个相邻站台门）。

5）行车调度员

故障未消除前，向后续列车司机通报故障情况。

6）后续列车司机

①列车自动停车后，以受限制的人工驾驶（RM）模式驾驶列车进站，对标停车。

②凭站台岗"好了"信号以受限制的人工驾驶（RM）模式动车离站。

8. 使用互锁解除接发列车

1）行车值班员

①当后续列车因站台门故障影响行车时［如故障门未隔离（旁路）或后备监控盘（MCP）"关门"绿灯不亮］，安排站台岗在头端墙操作互锁解除接发列车（整侧滑动门均

不能正常关闭时除外）。

②通知列车运行方向的后方邻站后续列车到其站后向本站报点。

③接到后方站报点后，通知站台岗操作互锁解除接车。

2）站台岗

①接到行车值班员的通知后，到头端墙就地控制盘（PSL）处，使用钥匙操作互锁解除接车。

②列车到达停妥后，将钥匙打到"门打开"位打开站台门。

③乘客上下车完毕后，将钥匙打到"门关闭"位关闭站台门，再使用钥匙操作互锁解除发车。

④待列车尾部离开轨道电路 S 棒后，松开钥匙开关。

3）值班站长

①当滑动门/应急门异常开启时，设置安全防护栏或安排人工看护（人工看护时原则上每个人可监护 5 个相邻站台门）。

②乘客上下车完毕后，接替站台岗的值班站长向司机显示"好了"信号。

> **？学习与思考**
>
> 全自动运行系统滑动门不能正常关闭和打开时的应急操作与传统站台门应急操作有什么区别？

五、站台门/列车车门夹人夹物应急处理方法和程序

1. 站台门/列车车门夹人夹物处理方法

（1）站台岗应站在站台两端的扶梯口值岗，在车门和站台门关闭之际，应尽可能确认是否夹人夹物，发现夹人夹物应及时向司机显示停车信号，并按压站台紧急停车按钮，如图 2-1-6 所示。

（2）行车值班员在列车到站期间应加强监控，观察站台是否有异常情况，需要时，可按压后备监控盘（MCP）紧急停车按钮。

（3）司机在关门期间应重点监控是否有抢上乘客，如有，不要急于动车，应重点观察站台岗是否显示紧急停车手信号。

（4）列车车门夹人夹物动车后应及时汇报清楚，并由司机统一处理，车站不得开启站台门或应急门来处理车门夹人夹物。司机动车后接到夹人夹物处理命令后，应先进行客室广播再迅速前往现场处理。

（5）车站站台工作人员应熟记扶梯口对应的列车车厢号码和车门编号，便于及时准确汇报。

（6）车站人员及时通知自动监控部调度恢复站台紧急停车按钮盖板。

图 2-1-6　站台紧急停车按钮

2. 站台门/列车车门夹人夹物处理程序（列车未动车）

1）站台岗

①发现列车车门/站台门夹人夹物且没有自动弹开释放，立即就近按动紧急停车按钮。

②在赶赴现场查看的同时将情况报告车控室。

③向司机显示停车手信号，示意司机重新打开车门/站台门。

④将人或物撤出后，向车控室报告，并向司机显示"好了"信号。

⑤值班站长到场后，协助调查处理。

2）行车值班员

①发现异常或接到报告后，通知值班站长前往处理，并向行车调度员汇报。

②利用视频监控系统（CCTV）观察现场情况。

③需要时，通知公安或运管办到场协调处理。

④接到人或物撤出通知后，取消紧急停车，并汇报行车调度员。

3）值班站长

①赶赴现场处理，调查事件原因。

②如发生客伤突发事件，按客伤处理程序处理。

③如是乘客抢上抢下造成夹人夹物，寻找目击证人，并记录详细资料。

④事件处理完毕后，将有关情况通报行车调度员。对乘客进行教育，对于蛮不讲理的乘客，通知公安或运管办到场协调处理。

4）司机

①如接到报告或观察到夹人夹物后，应重新打开车门和站台门，待人和物撤出后，再关闭站台门和车门。

②如司机发现而站台岗未发现夹人夹物，司机应通知车控室。

③凭站台岗"好了"信号，关闭车门和站台门，确认车门、站台门无夹人夹物及站台门和车门之间空隙无滞留人或物。

④凭行车调度员指令动车。

5）行车调度员

①接到报告后，了解现场情况，必要时指示有关人员按章处理，监控事件处理经过和结果，提醒相关人员防止夹人夹物动车。

②接到事件处理完毕报告后，指示司机动车。

3. 站台门/列车车门夹人夹物处理程序（列车已动车）

1）站台岗

①发现列车车门/站台门夹人夹物，列车已启动，立即就近按动紧急停车按钮。

②立即将情况报告车控室，如列车尚未出站且所在位置在站台有效范围内，应前往夹人夹物现场了解情况和处理。

③如列车未停车，应立即报车控室。

2）行车值班员

①发现异常或接到报告后，立即向行车调度员汇报，并通知值班站长到现场处理。如

列车未停止运行，应立即向行车调度员汇报，不能立即与行车调度员通话时，应通知前方站扣停列车进行处理。

②利用视频监控系统（CCTV）观察现场情况。需要时，通知公安或运管办到场协调处理。

③接到行车调度员通知后，取消紧急停车，恢复正常运作。

3）值班站长

①赶赴现场，协助司机处理。

②调查事件原因，并检查是否对车站设备造成影响，将有关情况通报行车调度员。

4）行车调度员

①接到报告后，通知司机前往现场处理。

②通知前方站安排人员到指定车厢了解情况并采取相应的处理措施。

③接到司机夹人夹物事件处理完毕报告后，通知车站取消紧急停车，指示司机动车。

④如对车站设备造成影响，还应通知相关部门前往处理并指示后续列车的运行。

5）司机

①列车出现不明原因紧急制动后汇报行车调度员（如运行中获知夹人或夹物信息应立即停车）。

②接到行车调度员（乘客报警）有关夹人夹物处理指示后确认具体位置，做好乘客安抚广播。

③携带800M电台前往现场采用单个车门紧急解锁方式处理（解锁前要确保附近乘客的安全）。严禁按压驾驶室门控按钮开门。

④处理完毕，恢复车门，汇报行车调度员。凭行车调度员指令动车。

❓ 学习与思考

站台门夹人时，应采取什么措施确保人身安全？

📖 案例分析

整侧站台门故障导致列车晚点

1. 事件概况

2018年5月7日17：00，某市地铁车站综合监控显示上行单元控制器（PEDC）通信故障。

17：01：56，行车值班员将现场故障现象上报行车调度员。行车调度员通知车站操作互锁解除接车。随后行车值班员上报机电生产调度员。

17：04，行车调度员询问车站是否操作互锁解除、手有无松动，行车值班员向值班站长确认，值班站长回复现场互锁解除灯不亮、操作无效。行车值班员向行车调度员回复现场互锁解除操作无效。行车调度员询问车站上行是否具备接车条件，车站回复上行具备接车条件。

17：06，上行 122147 次列车进站停稳，整列站台门联动打开失败、司机使用就地控制盘（PSL）开门失败。行车值班员上报行车调度员，并在综合后备盘（IBP）尝试开门失败。

17：07，值班站长组织人员操作"手动开"打开 5 个滑动门，并安排车站人员进行防护引导，此时站台客流不大（分别位于第一、二、三、五、六节车厢）。

17：08：17，乘客上下车完毕，站务人员将开启的站台门手动关闭。

17：09：03，司机关闭车门，随后上行 122147 次列车出清（比照时刻表出清晚点 7min）。

17：11，按照行车调度员指示，车站人员持续操作互锁解除。

17：12，车站向行车调度员汇报操作互锁解除仍然无效，现场采取人工开门方式（每节车厢保证对应开一个站台门）组织乘客乘降，行车调度员回复多尝试几次。随后车站尝试仍无效。

17：15，行车值班员向邻站请求支援，报站长、驻站公安。

18：00，车站结合晚高峰进站客流情况及支援人员到位情况，现场开启 16 个滑动门，并安排人员进行防护引导。

18：15，IBP"门关闭且锁紧"指示灯亮、PSL 指示灯亮。询问专业人员，回复故障未恢复。

19：02，专业人员回复故障恢复。行车值班员上报行车调度员、客运部生产调度员。

故障原因：上行控制电源失电，整侧站台门联动功能失效。

故障现象：整侧站台门无法联动开关，PSL、IBP 操作无效，所有门体只能通过301 门头模式开关；互锁解除操作无效，按照《三号线（方大）站台门故障应急处置方案》，此故障属于"整侧站台门不能开关"，以及列车进站时未收到站台门"关闭且锁紧信号，发生紧急制动"故障叠加。

2. 事件原因分析

（1）车站将 5 个开启门体全部手动关闭后才向司机显示"好了"信号，司机17：09：03 关闭车门，未按照"先通后复"的原则进行应急处置。

（2）行车调度员向 A 站、B 站、C 站发布 122147 次列车在 B 站不停站通过的调度命令，C 站复诵，复诵人连续 5 次复诵错误，行车基础业务薄弱。

3. 案例评析

此次故障现象复杂，故障时间长，影响范围广，站务各岗位的应急处置总体较好，出现站台门故障时一定要遵循"先通后复"的原则，日常加强调度命令练习。

本次站台门故障为车站应急操作不熟练导致处置不当，操作互锁解除发车，造成 152182 次列车晚发 4 分 2 秒，252183 次列车晚发 3 分 5 秒。

技能工作页　站台门突发事件应急演练

一、岗位分组

本次任务为站台门突发事件应急演练，可以采用桌面演练（如有条件可以采用虚拟仿真形式）等不同形式，各组采用班组轮值制度，学生按照预案分配角色，轮流扮演值班站长、行车值班员、客运值班员、站务员等角色，每个组员都有锻炼组织协调、班组管理、考核评价、总结汇报等能力的机会。通过小组协作，培养学生团结合作、互帮互助精神和协同攻关能力。

各组根据角色分配填写表 2-1-1。

任务分组表　　　　　　　　　　　　　　　　　　　　　　　　表 2-1-1

组号		组名（车站名）	
组训			
团队成员	学号	角色指派	岗位职责
		值班站长	组织桌面演练；按照预案岗位要求演练
		行车值班员	按照预案岗位要求演练；完成各项考核任务
		客运值班员	协助值班站长组织桌面演练；按照预案岗位要求演练
		站务员 1	按照预案岗位要求演练
		站务员 2	按照预案岗位要求演练
		……	……

二、文件依据

请各组同学依据表 2-1-2，组织开展应急演练方面的法规和标准规范等文件的学习，掌握应急演练相关文件要求。

应急管理相关法律法规文件依据　　　　　　　　　　　　　　表 2-1-2

文件名称	文号/标准号	任务相关文件内容学习
《城市轨道交通站台屏蔽门》	CJ/T 236—2022	熟悉站台门的基本结构和组成；了解站台门相关功能和性能要求
《××企业站台门故障应急处置方案》	—	不同站台门故障应急处置程序
《××企业站台门设备操作手册》	—	正常情况和非正常情况下的站台门操作

三、引导问题

（1）城市轨道交通站台门系统主要包括哪些部分？

（2）城市轨道交通站台门与信号系统之间是如何关联的？

（3）城市轨道交通站台门三级控制方式有哪些？分别应用于什么场景？都是如何操作的？

四、任务布置

1. 任务要求

各小组按照以下具体要求完成任务。

（1）各小组按演练题目编制完整的演练方案。

（2）各小组根据演练方案在平面布局图上开展桌面演练，评估人员全程做好视频记录保存或上传课程平台。

2. 任务内容

实训任务1：单个站台门无法开启演练

某日列车到达某站下行线，单个站台门无法开启。学生根据以下预设条件分组进行演练。

（1）列车进站停稳，开启车门、站台门后，其中第6个（A型车）站台门无法正常开启。站务员报告行车值班员，行车值班员报告值班站长。

（2）车站立即采取应急措施，引导乘客上下车，指示司机发车。

（3）抢修人员到达现场，故障排除，应急结束。

实训任务2：单个站台门无法关闭演练

某日列车在某站下行线出发，第9个（B型车）站台门无法关闭。学生根据以下预设条件分组进行演练。

（1）列车关闭车门、站台门后，站务员发现第9个站台门无法关闭，立即进行隔离操作，并报告行车值班员。

（2）车站手动关闭故障滑动门，设置安全防护栏，张贴故障告示。

（3）抢修人员到达现场，故障排除，应急结束。

实训任务3：整侧站台门无法开启演练

某日列车到达某站下行线，整侧站台门无法打开，车站设备监控系统（BAS）、后备监控盘（MCP）上显示故障信息。学生根据以下预设条件分组进行演练。

（1）列车进站停稳，开启车门、站台门后，整侧站台门没有开启，司机使用就地控制盘（PSL）手动操作仍无法开启，立即报告车控室。

（2）车站立即采取就地开启站台门的措施来应对，引导乘客上下车。

（3）车站做好安全防护，使用互锁解除接发列车。

（4）抢修人员到达现场，故障排除，应急结束。

3. 演练记录和评估

演练过程中由客运值班员或其他组观察员拍摄视频，演练结束后由客运值班员和行车值班员填写演练实施记录及评估报告，就演练小组演练过程给出评价。

五、演练实施记录及评估报告

根据演练实施过程，完成表 2-1-3。

演练实施记录及评估报告　　　　　　　　　　　　　　　表 2-1-3

演练项目：车站站台门突发事件应急演练									
班级			演练小组			评估小组			
演练小组分工	组长		组员		组员		组员		
	岗位		岗位		岗位		岗位		
	组长		组员		组员		组员		
	岗位		岗位		岗位		岗位		
演练时间	年　月　日			演练地点					

演练概况：

演练过程记录				
序号	时间	过程描述		存在的问题

评估总结					
项目	评价				意见
小组协同情况	□优秀	□良好	□合格	□不合格	
各岗位表现情况	□优秀	□良好	□合格	□不合格	
演练效果情况	□优秀	□良好	□合格	□不合格	
演练方案编制	□优秀	□良好	□合格	□不合格	

总评价意见：

演练总体评价	□优秀	□良好	□合格	□不合格
演练小组评价及改进建议				
序号	存在的问题		改进措施	

六、考核评价

各组介绍任务完成情况并提交相关材料，进行小组自评、组间互评、教师评价，完成考核评价表 2-1-4。

考核评价表   表 2-1-4

序号	评价项目	评价内容	分值	自评 （30%）	互评 （30%）	教评 （40%）	合计
1	职业素养	分工合理，制订计划能力强，严谨认真	5				
		爱岗敬业、安全意识、责任意识、服从意识	5				
		团队合作、交流沟通、互相协作、分享能力	5				
		遵循国家文件要求和行业规范	5				
		主动性强，保质保量完成技能工作页相关任务	5				
		具备有效组织工作的能力	5				
2	专业能力	熟悉车站站台门系统的基本原理	5				
		熟练掌握车站站台门正常和非正常情况下的应用操作	5				
		能依据站台门突发事件应急预案正确编制演练方案	10				
		依据演练方案熟练开展桌面演练	20				
		站台门各类突发事件应急演练知识融会贯通，达到考核要求	20				
3	创新意识	比较全自动运行系统和传统站台门突发事件应急措施的差异性	5				
		对站台门突发故障或相关突发事件案例进行简单分析	5				
合计			100				
评价人				评价时间			

技能工作页

任务2　城市轨道交通运营客伤突发事件应急处理

近年来，随着各地轨道交通新线开通，城市轨道交通已经成为城市居民出行的重要交通工具，然而城市轨道交通中乘客受伤事故也屡见报端。城市轨道交通中人员密集，一旦发生事故，将产生较大影响和严重后果，严重影响运营企业的服务水平，甚至产生群体性恐慌事件。因此，为保证乘客安全乘坐城市轨道交通，降低或消除危险性，直接从事运营工作的城市轨道交通工作人员都必须具有一定的客伤突发事件应急处理能力。

一、运营客伤突发事件概述

运营客伤突发事件是指在地铁列车运输过程中或在站厅、站台、运营公司拥有产权的通道、出入口等范围出现乘客（包括非在岗作业的地铁员工）伤亡事件。例如，2014年4月8日，某市地铁上行电梯上方一块瓷砖脱落砸中2人，引发人群踩踏事件，共计7人在此事件中受伤。运营客伤突发事件不仅影响地铁运营秩序和服务形象，也导致一定数量的人员伤亡。

常见的客伤突发事件类型有以下几种：

（1）客流拥挤带来的踩踏事件。

（2）车站设备异常和故障导致的乘客受伤，如站台门夹人夹物、乘客在自动扶梯摔伤、闸机夹人夹物等情况致人受伤。

（3）列车压人、撞人。乘客在站台等候区越过安全线而坠落至轨行区，或轻生乘客卧轨等情况造成的人员伤亡。

（4）车站突发事件或严重行车事故引起的伤亡。如车站火灾、车站有毒气体侵害等造成的人员伤亡。

（5）乘客间冲突或其他暴力事件引起的人员伤亡。

（6）乘客自身原因受伤。老年乘客和体质较弱的乘客因周围环境不适或受其他因素刺激易触发疾病突发。

某市轨道交通运营客伤突发事件统计见表2-2-1。

从表2-2-1中可见，在众多客伤突发事件类别中，自动扶梯事故最多，其主要原因有乘客携带大件行李、推婴儿车、未站稳扶好等。对以往的自动扶梯客伤案例进行统计对比分析可以发现，往上行方向的自动扶梯客伤事故约占3/4，下行方向占1/4，上行方向的乘客安全意识较薄弱；自动扶梯上发生客伤主要由乘客踩空梯级造成，下行方向的占90%，上行方向的占10%，主要是因为往下行方向的乘客看到站台列车进站想赶车；统计数据排第二位的车门/站台门客伤往往是因为乘客抢上抢下，主要出事地点是早、晚高峰期间上、下行线靠近扶梯处的几个站台门，因此站台在岗人员应重点关注车站站台楼扶梯处的乘客抢上抢下现象。

通过对运营客伤突发事件时间方面的统计数据的分析可以知道，客伤发生时段多集中在早高峰和晚高峰，其特点在于晚高峰发生客伤的比例比早高峰高，平峰下午时间段发生客伤的比例比其他时间段高。早高峰发生客伤主要是因为上班族赶时间上班，晚高峰发生客伤往往是因为乘客工作后疲惫，平峰时间段发生客伤主要是因为乘客携带大件行李未站稳扶好、小孩玩耍等。

某市轨道交通运营客伤突发事件统计　　　　表 2-2-1

序号	客伤类别	数量（件）	比例（%）
1	乘客在自动扶梯摔伤	275	53.29
2	因车门/站台门开关受伤	79	15.31
3	站内摔伤	51	9.88
4	脚踏进列车与站台之间的空隙	38	7.36
5	闸机开/关门受伤	8	1.55
6	治安事件	24	4.66
7	第三方原因导致的受伤	28	5.43
8	其他	13	2.52
合计		516	100.00

通过对运营客伤突发事件人群方面的统计数据分析可以看到：从客伤人群年龄段来看，年龄在 21～30 岁的乘客发生客伤的数量最多，这一年龄段的乘客相对活跃，但不够小心谨慎，容易在乘车途中出现奔跑、互相挤压等行为，且对危险认识不足，容易受伤；其次是年龄在 60 岁以上的乘客，这类乘客身体协调和平衡能力较差，对自动扶梯的使用不熟练，容易摔伤；再次就是年龄在 10 岁以下的乘客，此类乘客自理能力差，一旦没有被监护好，就容易发生客伤。从客伤人群生理性别来看，一般来说，女性要比男性发生客伤的概率高。部分女性乘客有穿高跟鞋的习惯，在搭乘自动扶梯、上下楼梯或因着急赶车奔跑时容易忽视脚下，造成脚部扭伤；另外女性的体能相对男性来说较差，更加容易因外力的影响受到伤害。

? 学习与思考

假如你是一名车站运营工作人员，应重点防范哪些地方以减少客伤事件的发生？

二、运营客伤突发事件类型

根据轨道交通运营单位法定责任，结合运营客伤突发事件的归责原则，城市轨道交通运营客伤突发事件一般分为有责客伤事件和无责客伤事件。

1. 有责客伤事件

有责客伤事件是指城市轨道交通运营范围内由设备设施故障、员工操作不当、管理不善等因素造成的，依据相应法律法规应该由地铁公司承担损害赔偿责任的事件。一般包含以下情况：

（1）地铁员工日常作业过程中造成客伤；

（2）地铁施工作业造成客伤；

（3）列车紧急制动造成客伤；

（4）屏蔽门、车门夹人造成客伤（乘客抢上抢下列车的情况除外）；

（5）地铁设备设施（垂直电梯、自动扶梯、闸机等）发生故障造成客伤；

（6）地铁设备设施损坏未及时修复且未设置警示标识、防护栏造成客伤；

（7）车站无警示标识或警示标识已损坏导致客伤；

（8）闸机夹人造成客伤（乘客强行出闸，无票尾随出闸等情况除外）；

（9）车站、列车地面有水渍、油渍或障碍物未及时清除或未设置防护栏、警示标识造成客伤（不可抗力造成的和清扫周期内除外）；

（10）其他非乘客自身责任在地铁范围内造成客伤。

2. 无责客伤事件

无责客伤事件是指在地铁运营服务范围内，乘客自身身体原因、故意或重大过失、无行为能力人（精神病患者、智障者、8周岁以下的未成年人）无监护人、限制行为能力人及醉酒者等不能控制自身行为者且无健康人员陪护、不可抗力等原因造成的，依据相应法律法规不应由地铁公司承担损害赔偿责任的事件。具体乘客自身身体原因、故意或重大过失等条款，参照《城市轨道交通运营管理规定》第三十三条、第三十四条有关内容。

> **? 学习与思考**
>
> 　　如果客伤突发事件是第三方造成的，假如你是值班站长，应该如何处理？

三、车站运营客伤突发事件处理原则

当前地铁发生客伤突发事件时媒体关注度较高，乘客的维权意识较强。站在地铁企业角度来说，可能存在发生客伤突发事件后事件事实不清、责任不清、员工救助力度不够等诸多问题。因此，地铁车站发生客伤突发事件后，车站工作人员应在充分理解的基础上，严格按照下列原则处理。

（1）车站在处理乘客受伤事件时，既要维护城市轨道交通企业形象、保护公司利益，更要以人为本，给予乘客及时的救助和必要的帮助，保护好乘客隐私，并迅速恢复运营。

（2）车站在处理乘客受伤事件时，要第一时间进行取证，尽可能得到目击证人及当事人签字确认，以事实为依据，客观记录，充分留下原始资料。可参照图2-2-1填写当事人、工作人员、目击证人的记录表并存档。

（3）以过错责任原则和无过错责任原则为基础，结合实际灵活处理，尽可能避免矛盾升级，寻找合理的方式解决问题。

（4）及时将事件的处理结果报告给相关部门，以便后续处理。

事件经过记录表（当事人）

事发时间：_____年___月___日　　事发地点：_____

当事人姓名：_____性别：_____年龄：____

身份证号码：_____

联系电话：_____

家庭地址：_____

事件经过记录方式：自写（　　　）口述授权他人代写（　　　）

_____

_____

_____

_____

_____

_____

_____

_____

_____

_____

签名：_____（手印）_____　　　　安保部

事件经过记录表（工作人员）

事发时间：_____年___月___日　事发地点：_____

姓名：_____　　当班岗位：_____

事件经过记录：_____

_____

_____

_____

_____

_____

_____

_____

_____

_____

_____

_____

签名：_____　　　　　　安保部

事件经过记录表（目击证人）

事发时间：_____年___月___日　　事发地点：_____

目击证人姓名：_____性别：_____年龄：_____

身份证号码：_____

联系电话：_____

家庭地址：_____

事件经过记录：_____

_____

_____

_____

_____

_____

_____

_____

_____

_____

_____

_____

_____

签名：_____　　　　　　安保部

图 2-2-1　事件经过记录表（区分当事人、工作人员、目击证人）

四、客伤突发事件处理方法

乘客受伤事故处理方法如下:

1. 了解信息, 救护伤员

车站现场工作人员发现乘客受伤或接到受伤乘客求救时, 应立即报告值班站长并赶赴现场, 了解伤 (病) 者情况及初步原因。

二维码

乘客受伤(急病)救助演练

任务内容

需要时, 对乘客外伤进行简单的包扎处理。视伤 (病) 者情况, 若其意识清醒, 询问其是否需要车站协助致电 120 急救中心, 征得同意后帮助其拨打 120 急救电话。询问伤 (病) 者家人联系电话, 设法联系其家人尽快来站救护。伤 (病) 者家人到站后, 由其家人将其接走, 如车站致电 120 急救中心, 救护人员到达后, 车站协助将伤 (病) 者送至救护车上。如果乘客认为是车站原因导致其受伤, 要求车站派人同往医院时, 车站员工应请示站长及运营单位客伤主管部门, 获准后方可派人陪同前往医院。

若伤 (病) 者情况危急, 意识不清, 不及时救护可能会有生命危险, 车站应及时致电 120 急救中心, 同时车站需及时上报行车调度员、车站站长及客伤主管部门。

2. 停止设备, 汇报情况

如由城市轨道交通设备造成事故, 应立即停止该设备运作 (影响列车运行的设备除外), 并报告车站控制室。

3. 控制现场, 调查取证

疏散围观群众, 寻找目击证人, 收集、记录有关证人资料。如调查需要, 应保护好现场, 必要时对有关区域进行隔离, 并用相机记录现场有关情况。结束后填写 "客伤现场救助表", 见表 2-2-2。

客伤现场救助表　　　　表 2-2-2

序号	项目	完成情况	实施人
1	是否佩戴防护口罩和医用手套	□是　　　□否	
2	是否使用录音设备	□是　　　□否	
3	是否带上药箱	□是　　　□否 如 "是", 使用了何种急救用品: 1. 2.	
4	是否有目击证人	□是　　　□否 如 "是", 请填写目击证人姓名及联系方式: 1. 2.	
5	是否有陪同人员	□是　　　□否 如 "是", 请填写陪同人员姓名、联系方式及与伤者关系:	

续上表

序号	项目	完成情况	实施人
6	伤者情况	性别： 年龄： 意识： 脸色： 血压： 其他：	
7	事发地点		
8	安置地点		
9	是否致电 120 急救中心	□是　　　□否	
10	后续情况		

4. 配合救护，协助调查

必要时，根据值班站长安排，站务人员到紧急出入口引导急救人员进站，必要时协助警方进行事故调查。

为保证乘客出现伤亡时进行技术抢救和快速处理，城市轨道交通运营公司一般设置乘客伤亡紧急处理经费。若初步判断乘客受伤属于城市轨道交通运营公司责任，车站应立即向有关部门、单位报告，车站可安排员工陪同伤者前往医院检查治疗，伤者在医院所花费用，经请示同意后，可由车站使用有关处理经费垫付。伤者提出索赔时，车站应配合相关部门人员与伤者协商处理。

五、客伤突发事件各岗位职责

1. 值班站长

（1）马上赶赴现场，疏散围观乘客；

（2）安抚乘客并与乘客进行沟通了解情况；

（3）对伤势轻微的乘客或需要急救者进行简单救助，如伤者要求或伤势严重时应及时拨打 120 急救电话；

（4）寻找目击证人，做好取证记录；

（5）安排人员保护现场（如需恢复现场应在恢复现场前进行拍照取证）并做好记录，收集有关资料，并协助保险公司或公安进行处理；

（6）如由地铁设备造成事故，应停止该设备运作（影响列车运行的设备除外），并通知维修责任部门到现场检查处理，并出具相关运行记录；

（7）汇总资料，填写相应表格上报车务部综合技术室和安技部。

2. 行车值班员

（1）立即报行车调度员和保险公司，视情况请求急救中心和地铁公安支援，再按照规定要求进行汇报；

（2）派人到指定出入口引导急救人员进站；

（3）将情况报告站长、车务部有关人员；

（4）通过视频监控系统（CCTV）观察现场，加强与值班站长、行车调度员联系；

（5）尽可能联系伤者家属。

3．车站其他员工

（1）需要时，对乘客外伤进行简单处理；

（2）疏散围观乘客，协助寻找两名目击证人，记录证人有关资料，以便协助调查；

（3）设置隔离带，保护好现场；

（4）协助事故调查。

4．行车调度员

（1）接到报告后，报告值班主任；

（2）如事件影响列车运行，则应扣停列车，调整列车的运行；

（3）按照规定要求进行汇报。

？ 学习与思考

如果你是一名值班站长，车站发生运营客伤突发事件，应如何救助乘客，并防止事态扩大？

🖳 知识拓展

常见乘客受伤处理办法

根据目前城市轨道交通车站常发生的客伤情况来看，绝大多数客伤为开放性创伤、骨折、晕眩（厥）等。对于各种客伤，应采用相对应的初期处理办法。

1．开放性创伤

根据初级救护培训内容，先对开放性创伤进行消毒止血。如伤口过大过深，要注意防止乘客缺血性休克并及时致电120急救中心。注意留意乘客血压和体温。

2．骨折

对骨折伤员要注意固定，不要轻易移动，及时致电120急救中心。

3．晕眩（厥）

晕眩症状多见于晕车、低血糖乘客，其无法自主行动，但有清醒意识，能与人沟通。也有可能是重症昏迷前兆。车站工作人员应多加重视，及时询问乘客病史病情等，以供后期参考。晕厥常表现为突然丧失意识、摔倒、面色苍白、四肢发凉、抽搐及舌咬破和尿失禁等，车站工作人员应及时询问目击人员晕厥者晕厥前的情况、有无先兆，观察晕厥时意识障碍的程度和持续时间的长短以及当时面色是否苍白。若发现晕厥情况，务必立刻致电120急救中心，然后保持对方呼吸畅通，尽量少搬动，测量血压及体温，将情况报给急救人员以便更好地救护。即使对方恢复意识也应静躺等待救护人员到场。

对于晕眩（厥）者，应采取的措施有：

（1）现场工作人员驱散围观乘客，让晕倒者侧卧平躺，避免堵塞气道，如图 2-2-2 所示；

（2）穿戴好防护器具（口罩、手套），带药箱到达现场；

图 2-2-2　救助晕倒者

（3）开启录音设备并在晕倒者身体状况允许的情况下将其挪动到方便施救、有监控、不妨碍运营的位置；

（4）询问目击人员晕倒者晕厥前（时）情况及询问同行人员其病史等；

（5）为晕倒者测量血压；

（6）为晕倒者保温或者通风；

（7）待医护人员到达现场，根据客伤现场救助表（表 2-2-2）内容告知晕倒者基本情况并协助将其送至救护车。

📖 案例分析

自动扶梯客伤事件

1. 事件概况

（1）某日某市地铁乘客范某（女）在某站 B 口乘坐自动扶梯时，自动扶梯发生紧急停止，导致乘客膝盖、手、手腕多处外伤，乘客手机受到磨损。事件发生后，当班值班站长及客运值班员来到现场处理，询问乘客受伤情况并将其扶至休息室，对其伤口进行简单处理。车站查看监控录像确认故障，随即报修，并对 B 口自动扶梯进行围挡，设立暂停使用牌。自动扶梯专业人员对自动扶梯进行检查，回复：扶手胶带上粘有口香糖，导致扶手带入口开关动作，自动扶梯停止。

现场处理过程中乘客反映，车站人员与其交谈时表明"这就是早上故障停过的自动扶梯"，乘客认为，自动扶梯在其使用前已处于故障状态，车站不应使用"带病"设备。

（2）某日某市地铁乘客李某（女）从某站乘坐地铁，在×号线 B 站 D 口出站乘坐自动扶梯时，因其回身与同行的丈夫说话，重心不稳，在慌乱中右手抓向了自动扶梯外侧护壁板，无名指被扶手盖板外侧与护壁板夹住，正在现场进行保洁的保洁员发现后，立即按压了紧急停止按钮，伤者丈夫同时发现后上前将伤者的右手从被夹位置拔出，造成李某右手无名指第一指节断裂。

2. 事件原因分析

（1）自动扶梯是车站内乘客使用频率最高的设备之一。自动扶梯客伤频繁发生的主要原因有：自动扶梯故障，乘客未站稳扶好扶手、乘坐时身体倚靠自动扶梯侧板、乘坐时携带重物重心不稳摔倒、脚踩黄线、在自动扶梯上疾奔等。另外，客运服务中的乘坐提醒、客伤发生后的应急处理，以及对残障人士的主动服务也影响客伤的发生及处理。

（2）案例1中自动扶梯故障，发生紧急停止是客伤的主要原因。另外，车站人员在现场处理时言论不当，在交流与事故有利害关系的信息时，致使乘客误认为自动扶梯长期"带病"运转。

（3）案例2中乘客未按规定乘坐自动扶梯是客伤的主要原因。监控显示，乘客在乘坐时侧身向后张望且身体倚靠侧板，随着扶梯上移，伤者重心逐渐偏移，行进过程中右手松开扶手带去护左手提包，导致站立不稳、身体后仰，为避免摔倒，右手抓住扶手盖板外沿位置，无名指被扶手盖板外侧与护壁板夹住。

3. 案例评析

针对自动扶梯客伤突发事件，应注意以下几点：

（1）加强乘客提醒。采用车站广播或人工提醒的方法，叮嘱、告知乘客正确使用自动扶梯。客流较大时，自动扶梯处应安排专人做好客流疏导工作。

（2）发生自动扶梯客伤时，各岗位人员（包括安检、保安、保洁）应及时采取应急措施，关停相关设备，并进行故障报修，待专业人员现场确认设备良好后，方可恢复使用。

（3）乘客事务处理过程中，客运服务人员应谨言慎行，注意服务态度，讲究服务技巧，可采用易人、易事、易地的处理方式；在谈及事故原因等敏感问题时，对不清楚、不了解的问题不臆测回答，耐心做好乘客解释工作，避免乘客因不懂专业术语而产生误解。

（4）车站应加强相关运营设备的日常巡视，留意细节，发现隐患及时上报并采取行之有效的过渡措施，做好交接班记录，直至隐患排除。

技能工作页　车站客伤突发事件应急演练

一、岗位分组

本次任务为车站客伤突发事件应急演练，可以采用桌面演练（如有条件可以采用虚拟仿真形式）等不同形式，各组采用班组轮值制度，学生按照预案分配角色，轮流扮演值班站长、行车值班员、客运值班员、站务员等角色，每个组员都有锻炼组织协调、班组管理、考核评价、总结汇报等能力的机会。通过小组协作，培养学生团结合作、互帮互助精神和协同攻关能力。

各组根据角色分配填写表 2-2-3。

任务分组表　　　　　　　　　　　　　　表 2-2-3

组号		组名（车站名）	
组训			
团队成员	学号	角色指派	岗位职责
		值班站长	组织桌面演练；按照预案岗位要求演练
		行车值班员	按照预案岗位要求演练；完成各项考核任务
		客运值班员	协助值班站长组织桌面演练；按照预案岗位要求演练
		站务员 1	按照预案岗位要求演练
		站务员 2	按照预案岗位要求演练
		……	……

二、文件依据

请各组同学依据表 2-2-4，组织开展应急演练方面的法规和标准规范等文件的学习，掌握应急演练相关文件要求。

应急管理相关法律法规文件依据　　　　　表 2-2-4

文件名称	文号/标准号	任务相关文件内容学习
《人体损伤程度鉴定标准》	司发通〔2013〕146 号	了解人体损伤程度鉴定的原则、方法、内容和等级划分
《××企业车站客伤事件应急处置方案》	—	客伤事件应急处置程序
《××企业客伤快速理赔处理细则》	—	快速处理客伤理赔程序
《××企业外部人员伤亡事故管理规则》	—	地外伤亡事故的管理、报告及责任划分

三、引导问题

（1）请阐述地铁伤亡事故处置涉及的人员、区域范围。

（2）如何确定地外伤亡事故的各类责任主体？

（3）地外伤亡事故类别有哪些？

（4）客伤事件发生后，该如何报告？证人证据该如何收集？

四、任务布置

1. 任务要求

各小组按照以下具体要求完成任务。

（1）各小组按演练题目编制完整的演练方案。

（2）各小组根据演练方案在平面布局图上开展桌面演练，评估人员全程做好视频记录保存或上传课程平台。

2. 任务内容

某日某车站车控室接到报告称，站台有乘客受伤，车站及时电话通知120急救中心并到现场处理，20min后受伤（或突发急病）乘客被120急救人员送往医院，车站运营恢复正常。学生根据以下两种预设条件分组进行演练。

（1）乘客若为轻微外伤，车站人员进行简单清洗和包扎后，乘客自行离开。

（2）乘客发生骨折、重伤或急病时。

①行车值班员立即通知值班站长，电话通知120急救中心，报告运行控制中心（OCC）、驻站民警、安保部、站务中心，做好乘客广播。

②值班站长维持车站秩序，避免其他乘客围观，做好指挥和协调工作。

③客运值班员到达现场照顾好该乘客，并随时观察乘客伤势，等候120急救人员到达。

④站务员、站台安全员寻找两名目击证人，留下联系方式，以便取证。

⑤120急救人员将乘客送往医院后，车站工作人员及时填写事故处理经过，并将处理结果及时上报安保部、站务中心和OCC行车调度员，做好与安保部的交接工作。

3. 演练记录和评估

演练过程中由客运值班员或其他组观察员拍摄视频，演练结束后由客运值班员和行车值班员填写演练实施记录及评估报告，就演练小组演练过程给出评价。

五、演练实施记录及评估报告

根据演练实施过程，完成表2-2-5。

演练实施记录及评估报告　　　　　　　　　　表2-2-5

演练项目：车站客伤突发事件应急演练							
班级		演练小组			评估小组		
演练小组分工	组长		组员		组员		组员	
	岗位		岗位		岗位		岗位	
	组长		组员		组员		组员	
	岗位		岗位		岗位		岗位	

演练时间	年 月 日	演练地点	

演练概况：

演练过程记录			
序号	时间	过程描述	存在的问题

评估总结			
项目	评价		意见
小组协同情况	□优秀 □良好	□合格 □不合格	
各岗位表现情况	□优秀 □良好	□合格 □不合格	
演练效果情况	□优秀 □良好	□合格 □不合格	
演练方案编制	□优秀 □良好	□合格 □不合格	

总评价意见：

演练总体评价	□优秀	□良好	□合格	□不合格

演练小组评价及改进建议		
序号	存在的问题	改进措施

六、考核评价

各组介绍任务完成情况并提交相关材料，进行小组自评、组间互评、教师评价，完成考核评价表 2-2-6。

考核评价表   表 2-2-6

序号	评价项目	评价内容	分值	自评（30%）	互评（30%）	教评（40%）	合计
1	职业素养	分工合理，制订计划能力强，严谨认真	5				
		爱岗敬业、安全意识、责任意识、服从意识	5				
		团队合作、交流沟通、互相协作、分享能力	5				

序号	评价项目	评价内容	分值	自评（30%）	互评（30%）	教评（40%）	合计
1	职业素养	遵循国家文件要求和行业规范	5				
		主动性强，保质保量完成技能工作页相关任务	5				
		具备有效组织工作的能力	5				
2	专业能力	熟悉客伤处理的基本程序，包括事件报告、前期处理、证人证据收集、赔偿补偿及垫付等程序	5				
		熟悉客伤责任划分、伤情初步定性	5				
		能依据不同客伤场景编制乘客受伤（急病）救助演练方案	10				
		依据演练方案熟练开展桌面演练	20				
		客伤应急演练知识融会贯通，达到考核要求	20				
3	创新意识	能查阅法律法规了解客伤处置的依据	5				
		对客伤案例进行简单分析	5				
合计			100				
评价人			评价时间				

技能工作页

任务3　城市轨道交通大客流应急处理

一、大客流概述

大客流是指在某一时段集中到达的、超过车站正常客运设施或客运组织措施所能承担流量的客流。城市轨道交通线路一般沿客流集中的交通走廊走向规划，并连接重要的客流集散点，如客运站、航空港、商业中心、体育场、会展中心等，在节假日或者举办重大活动等时可能导致突发性大客流，如果无良好的应对和处置办法，大量客流涌入站台，给售检票系统、进出站通道、列车输运带来较大的压力，使得非付费区、车站付费区、站台公共区的人员密度大大增加，如图2-3-1所示，极限情况下会导致公共区超过最大人员荷载密度，此时如果发生突发事件，往往容易发生骚乱和踩踏事件，造成大量人员伤亡。

二维码

车站大客流
应急处理

图 2-3-1　地铁高峰大客流

近年来，随着我国各地城市轨道交通线网形成规模，城市轨道交通客流量呈现几何增长态势，突发性大客流已成为威胁城市轨道交通车站运行的主要风险之一。能否有效组织大客流情况下的城市轨道交通车站运营，使城市轨道交通的"快速、便捷、舒适、安全"的优势得到充分体现，是衡量城市轨道交通运营单位工作质量的重要指标。目前，各城市轨道交通运营企业都有关于大客流的应急处理预案和各种应对措施及工作程序，涉及车站服务、行车组织、线网控制、票务组织、设备维保等多方面的协作和管理。

二、大客流产生原因和风险

城市轨道交通大客流主要由以下几种因素引起：

（1）客流预测与城市总体规划存在偏差；

（2）地铁出行吸引力强；

（3）城市核心功能区过度集中；

（4）线路间能力匹配不恰当；

（5）特殊恶劣天气影响；

（6）大型社会活动；

（7）设备设施故障。

城市轨道交通客流量超过车站正常客运设施或客运组织措施所能承担的客流量时就会有显著的表现，如非常拥挤或极度拥挤、乘客流动速度明显减缓、客流交叉干扰严重等。大客流对乘客的出行造成不利影响，给运营带来严重的安全风险，影响及风险主要包括：

（1）易发生乘客踩踏事件造成群死群伤。例如，1999 年 5 月 30 日，白俄罗斯明斯克遇冰雹天气，正在广场观看音乐会的人群涌入附近的地铁站，与车站客流发生冲突，发生严重踩踏事件。

（2）易产生由拥挤导致乘客摔倒及被挤落楼梯和轨道的风险。例如，2014 年 10 月 31 日早高峰，北京地铁一号线苹果园站 1 名女乘客被后方人群簇拥着进入车厢，摔倒在地，送至医院后检查确诊为右腿小腿骨折，右脚韧带断裂。

（3）易发生设备故障并导致伤亡事件。大客流状态下，车站设备故障导致客伤概率明显增大。例如，2010 年 12 月 14 日上班高峰时间，深圳地铁 1 号线国贸站自动扶梯发生故障，导致 24 名乘客受伤。

三、大客流的应急组织原则

大客流情况下，应通过对车站设备设施和空间的分析，并根据车站进出站预测客流量，制订符合实际情况的乘客进出站、换乘、乘降疏导和指引的方案，并根据方案进行行车、票务和人员组织。

（1）大客流组织工作应以"安全第一、快速疏散"为原则，确保乘客快速安全出行，维护车站运营秩序；

（2）大客流组织以"统一指挥、分区负责、属地管理"为原则，由现场最高负责人统筹现场工作，各区域负责人负责本区域客流组织及现场情况反馈；

（3）根据大客流特征和实际客流变化情况，采取出入口、站厅、站台 3 层控制方式，对站内客流量进行有效控制；

（4）根据站厅、站台客流拥挤情况，采取加快出站速度、限制进站客流、调整相应出入口为"只出不进"或"只进不出"、改变自动扶梯运行方向等措施，确保客流组织安全、高效；

（5）执行警、站联合管控机制，如有需要及时向驻站民警通报情况，达到车站与驻站民警统一联动、密切配合的效果。

四、大客流控制

1. 车站级客流控制

车站级客流控制的思路是将实时客流和车站设备能力关联起来，如果站台乘客数量超出站台容纳能力，控制点选择在下站台的扶梯口，控制前往站台的乘客数量；如果站台乘客数量超出站台容纳能力，付费区内的乘客数量也超出付费区的容纳能力，控制点应选择在进站闸机（安检）处，控制进入付费区的乘客数量；如果大客流趋势继续蔓延，站台乘客数量超出站台容纳能力，付费区内的乘客数量也超出付费区的容纳能力，且站厅非付费区也出现拥挤时，就必须对出入口控制点进行控制，临时限制或者不允许乘客进站。直到站内大客流逐渐缓解，即可恢复正常。除了考虑容纳能力外，还要考虑扶梯、出入口及通道的通过能力。

为确保车站客流组织工作有序进行，当车站客流规模达到一定程度时，应对车站内相应区域的乘客数量进行适当控制。车站级客流控制可分为3个等级。

1）站台客流控制

当车站站台乘客较拥挤，同方向连续2趟车经过后站台仍有部分乘客滞留上不了车，并且还有乘客不断进入站台，站台候车乘客数量达到一定规模时，为缓解客流压力，确保乘客安全和车站客流的有序组织，启动第一级客流控制措施——站台客流控制。

具体措施：在连接站厅与站台的通道（或楼梯或自动扶梯）口处设置控制点，通过采取设置隔离围栏、警戒绳以及调整楼梯（或自动扶梯）通行方向等措施，控制进入站台候车的乘客数量；加强站台巡视，做好宣传，维护站台乘客的安全；加强广播宣传，稳定乘客情绪；维护好上下站台乘客秩序，避免上下站台客流产生交叉、堵塞通道及发生踩踏事件。

2）付费区客流控制

出现大量乘客滞留，在站台客流控制模式下，客流仍有继续增大的趋势，车站出入口、站厅、站台等任一区域开始出现拥堵，持续时间15min内未能缓解，站台部分乘客连续3趟不能上车，对车站运营组织造成较大影响，可能造成较大运营安全风险的情况，此时启动第二级客流控制措施——付费区客流控制。

具体措施：在进站闸机（安检）处设置控制点，以安放栏杆回形阵的形式拦截乘客进入付费区，回形阵不宜超过四列，根据付费区内客流减缓情况分批放行非付费区客流进入付费区；值班站长及时按照现场处置工作负责人的命令组织当班员工疏导站台、站厅付费区客流，增派人员到站台、站厅维持候车秩序，利用广播宣传，注意站台乘客的候车动态；向行车调度员请求加开列车运送站台的乘客；根据现场情况，可在闸机通道外维护上下站台及进出付费区乘客秩序，进行站厅、站台客流控制时要注意留有足够的缓冲区，避免上下站台客流与进出付费区客流产生交叉、堵塞通道及发生踩踏事件；加强站台、站厅巡视，做好宣传，维护车站乘客的安全；加强广播宣传，稳定乘客情绪，在站台、站厅摆放或张贴宣传告示。

3）非付费区客流控制

若采取付费区客流控制措施仍不能有效缓解客流压力，还有乘客不断通过出入口进入站厅，车站出入口、站厅、站台等任一区域拥堵明显，持续时间20min内未能缓解，且站台出现大量乘客滞留，部分乘客连续4趟不能上车，对车站运营组织造成重大影响，可能造成重大运营安全风险的情况，此时启动第三级客流控制措施——非付费区客流控制。

具体措施：在车站出入口处设置控制点，通过采取设置限流隔离栏杆回形阵、控制部分出入口单使用（只出不进）或关闭部分入口等措施，减缓乘客进入车站的速度或者减少进入车站的乘客数量；加强广播宣传，稳定乘客情绪，在站台、站厅及出入口摆放或张贴宣传告示；适时开关自动售票机（TVM）、闸机，实行或取消票务中心售卖预制票，调整售票速度；维护好上下站台、进出付费区及进出出入口的乘客秩序，避免进站客流与出站客流产生严重交叉、堵塞通道及发生踩踏事件；加强站台、站厅及出入口巡视，做好宣传，维护车站乘客的安全。

2. 线路级客流控制

线路级客流控制是指当突发客流发生站采取相应的车站级客流控制措施后，客流压力仍无法得到有效缓解且有继续增大的趋势时，在该站所属线路的部分前方车站采取客流控制措施，适当控制进站客流量，以达到合理分配线路运输能力，缓解突发客流发生站客流压力的目的。

为给突发客流发生站提供充足的运能，可选取该站前方车站中部分进站客流量较大的车站为限流车站。根据车站客流控制基本原则，为减少限流影响，应尽量避免选取换乘站为限流车站。

若突发客流量过大，需对多个车站同时采取短时间暂停服务（停止进站）措施，以控制进站客流量，一次暂停服务时间不宜过长，一般情况下多车站同时暂停服务一次最好控制在 5～10min。

3. 线网级客流控制

线网级客流控制是指当单条线路采取客流控制措施后仍不能有效缓解客流压力时，在邻线车站采取客流控制措施，适当控制进站客流量，以缓解与其相连接的换乘站客流压力，进而达到部分缓解该条线路客流压力的目的。

为有效缓解邻线换乘客流给突发客流发生站所属线路带来的客流压力，可选取邻线换乘站前方车站中部分进站客流量较大的车站为限流车站。根据车站客流控制基本原则，为减少限流影响，应尽量避免选取换乘站为限流车站。由于采取线网限流时，距离较远的车站对于缓解客流的作用相对较小，因此一般情况下不考虑将距离突发客流发生站较远的邻线车站作为限流车站。

> **❓ 学习与思考**
>
> 在线网级客流控制中，应如何确定各限流站的限流排队时间，在限流排队时间和乘客服务质量之间找到一个平衡点？

五、大客流应对组织与保障措施

为确保大客流情况下地铁运营组织的安全、有序、可控，有效减少由大客流冲击导致的乘客伤亡事故发生，地铁运营单位应从行车组织、客流组织、票务组织、设备维修及技术人员保障等方面，提出地铁大客流应对措施。

1. 行车组织应对措施

按照"以车（设备）定运"原则，最大限度挖掘运输潜力，增加上线运能；同时，由各线路控制中心充分利用列车资源，灵活科学调度，缓解大客流车站的客运压力。行车组织应对措施主要有以下几项：

（1）及时使用备用车。控制中心根据现场客流情况，灵活安排备用车在高峰时段上线输运，备用车投入服务站点需结合车站客流、站台大小、是否是换乘站等因素综合考虑。

（2）合理组织空客车（受备用车数量限制）。对于高峰时段客流与运能矛盾异常突出的大客流车站，尤其是换乘站，控制中心可采取抽取终点站部分列车不载客直接运行到大客流车站投入服务的方式缓解客流压力。

（3）灵活调整行车交路。对于各区段客流不均衡的线路，可灵活调整部分列车行车交路方式，令部分列车经中间折返站折返小交路运行，加大高峰区段行车密度，疏导高峰区段客流。

（4）组织列车越站运行。对于换乘车站，当站台出现危及乘客人身安全的不可控局面时，控制中心可及时组织列车越站运行，避免乘客下车对车站站台造成进一步冲击。由于列车越站对乘客服务影响较大，并且列车越站不能实际输运站台乘客，故非紧急情况下不建议采取该项措施。

2. 车站的客流组织措施

（1）车站应及时了解产生大客流的原因、规模、可能持续的时间，以及车站现有可支配人员，如车站现有人员无法应对大客流的组织要求，值班站长应组织驻站人员参与客流控制，同时通知公安，报告行车调度员并提出支援请求。

（2）利用广播系统做好乘客宣传引导，及时组织人员维持秩序，避免拥挤，防止发生踩踏事故，理顺购票队伍，增设兑零点，对乘客做好疏导、服务工作。

（3）站台拥挤时，立即安排人员到站台维持候车秩序，利用广播提醒乘客注意安全。当列车进站时，应加强对站台乘客候车动态及站台门工作状态的监控，防止上下车乘客互相拥挤，延误列车停站时间。开车前应确认乘客上下车完毕后方可关闭车门。

（4）按照由下至上、由内至外的原则，在车站出入口、入闸机组、站厅与站台的楼梯、自动扶梯处进行三级客流控制，防止站厅、站台拥挤。

（5）当列车运行故障，导致列车晚点引起车站乘客拥挤时，车站应及时通知公安协助，通过广播做好乘客解释和引导工作。站务人员应在出入口、票亭及进闸机前摆放立柱告示，告知购票乘客列车延误信息，同时做好退票和公交接驳的工作准备。

（6）对于特殊气象（如暴雨）导致的大客流，车站应及时做好滞留在车站及出入口乘客的疏散工作，及时启动预案和应急处理程序，必要时请求公安配合，并调集站务、机电、保洁等所有驻站的工作人员做好抗灾准备。

3. 票务组织应对措施

（1）预制票的制作。车站提前申报应对大客流的预制票，中央自动售检票系统（AFC）提前根据车站需要在单程票内写入设定的金额和起始站名，由车站票务中心或临时增加的票亭售出，以满足大客流时的需要。

（2）临时售票亭的准备。车站根据大客流的进出方向，选择在进站客流集中的位置，设置临时售票亭。站厅面积较小的车站，可将临时售票亭设置在进站客流较大的通道内，但临时售票亭的位置不能影响客流的组织流线。

（3）增加备用金。大客流来临之前，车站应根据客流预测和以往大客流所消耗的备用金，申领和储备充足的备用金。

（4）调整售检票的速度。当大客流发生初期站台客流压力不大时，除自动售票机（TVM）正常发售单程票外，可在车站票务中心及临时售票亭增加发售预制票或应急纸票。当站台客流压力较大时，车站需减缓售检票的速度，可以采取取消售卖预制票、纸票，以及关闭部分 TVM 等措施。

（5）票务应急处理。如果大客流持续时间较长，TVM 发售单程票及预制票无法满足需求时，可使用应急纸票应对大客流。另外，在安排好 AFC 日常检修基础上，部分大客流站要有 AFC 人员驻站，以确保 AFC 设备的正常工作；特殊情况下，可采取 AFC 的非正常运营模式，即进出站免检模式、列车故障模式、时间免检模式、紧急放行模式等。

4. 设备维修及技术人员保障措施

设备良好稳定运行可为大客流输运提供有力的保障，在客运量激增情况下，各类设备长时间超负荷运作，而车站进行大客流输运时一旦发生车辆、信号等设备故障，运能必将急剧下降，导致车站客流无法正常输运，造成大量乘客滞留车站，进一步增加发生乘客伤亡的事故风险。因此，设备部门需建立科学、合理的设备检修规程，狠抓设备检修质量，加密检修频率，在提供列车上线数量的基础上最大限度地保障各设备运行质量。此外，随着地铁线网的不断扩大，线路、站点不断延伸。为加强现场作业指导，加快突发事件的应急响应，有必要在关键部位设置技术支援保障点，以加强各设备，以及站务、乘务技术骨干保障力量。技术支援保障点设置可从以下方面考虑：

（1）在线路两端终点站设置支援保障点，在遇临时任务、终点站折返道岔故障或其他突发情况时，及时应对，满足运营需求。

（2）在各大换乘站点或特殊服务保障点（如举办临时活动的站点）设置值班点，密切关注客流变化情况，遇客流骤增或其他突发情况，采取果断措施处置，确保行车和客流有序、可控。

（3）在各区域控制中心设置值班点，执行上级下达的各项临时指令，处理应急突发事件，及时调整运力运能。

六、大客流应急处理程序

1. 突发性大客流应急处理程序

1）车站发现大量乘客涌入车站

①厅巡站务员（简称厅巡岗）。厅巡站务员发现某出入口不断有大量乘客涌入车站，立即报告车控室。

②行车值班员。行车值班员接报后立即通过视频监控系统（CCTV）观察站外情况，发现出入口附近有大量人员聚集，立即将情况报告值班站长和行车调度员。

③值班站长。值班站长接报后立即通知厅巡岗到外面了解情况，并要求客运值班员准备 2 份预制票配给 2 个厅巡岗，要求保安把临时售票亭推至相应位置。

④客运值班员。接报后立即准备好预制票。

⑤票务站务员。加快兑零和充值速度。

2）启动应急预案并安排人员到岗

①值班主任。值班主任与行车调度员确认大客流概况，并向各调度员通报，启动相对应的大客流应急预案，并向主管领导汇报。

②行车调度员。根据大客流概况和应急预案判断是否对全线列车进行调整，如果调整则将调整情况通知各车站和司机。

③值班站长。如发现客流持续增大，立即要求邻站派人支援，报告站长和站务室领导。

④行车值班员。通过 CCTV 不断监控车站客流情况，播放相应的安全广播，要求环控调度员加强送风和排风，通知地铁公安到场维持秩序。

⑤客运值班员。安排站务员在临时售票亭出售预制票，给票务岗配备足够的零钞，到站厅检查 AFC 设备的状态，维持车站客流秩序。

⑥站务员。除正常票务岗站务员继续通过半自动售票机（BOM）处理乘客事务和充值，临时售票亭的站务员在售票亭出售预制票，其余站务员在关键位置引导乘客。

⑦保安。拿手提广播在站厅和站台引导和组织乘客。

3）站台乘客已开始出现拥挤

①站台岗。发现站台乘客拥挤，立即报告车控室。

②行车值班员。行车值班员接到站台汇报后立即通过 CCTV 观察站台情况，发现站台乘客拥挤，立即报告行车调度员、值班站长。

③行车调度员。行车调度员将大客流概况向调度主任汇报，根据预案和指示确定是否进行列车调整，如果调整则将调整情况通知各车站和司机。

④值班站长。接到行车值班员汇报后果断下令实施第一级客流控制，停止出售预制票，派人到站厅楼梯处阻止乘客前往站台，关闭部分进站闸机和 TVM，指示站务人员并播放广播做好解释工作。

⑤客运值班员。指示票务岗停止出售预制票，组织站务员到站厅楼梯处阻止乘客前往站台，维持好站厅秩序。

⑥票务岗。出售预制票的票务岗停止出售预制票，收拾好钱票后到站厅楼梯处阻止乘客前往站台。

⑦支援人员。在站台维持秩序。

4）站厅付费区开始出现拥挤

①值班站长。发现站厅付费区拥挤，立即下令实施第二级客流控制，关闭全部进站闸机和 TVM。

②行车值班员。按值班站长的指令在车站计算机（SC）上关闭全部进站闸机和 TVM，播放相应的广播，建议乘客改乘其他交通工具，并向行车调度员报告车站已实施第二级客

流控制。

③客运值班员。组织站务员使用手提广播建议乘客使用其他交通工具，维持好车站乘客秩序。

④站务员。使用手提广播建议乘客使用其他交通工具，维持好站厅乘客秩序。

⑤支援人员。在站台维持秩序。

5）站厅非付费区开始出现拥挤

①值班站长。发现站厅非付费区也出现拥挤后立即实施第三级客流控制，请求地铁公安配合，派厅巡岗和站厅保安到出入口阻止乘客进站，只出不进。

②行车值班员。通知地铁公安进行配合，通过 CCTV 监控入口及站厅客流情况，播放相应广播，向行车调度员报告车站已实施第三级客流控制。

③客运值班员。组织站务员使用手提广播劝导乘客使用其他交通工具，维持好车站乘客秩序。

④站务员。使用手提广播建议乘客使用其他交通工具，维持好站厅乘客秩序。

⑤支援人员。在站台维持秩序。

6）客流开始缓解

①站台岗。发现站台乘客已不拥挤，立即报告车控室。

②行车值班员。通过 CCTV 发现站台乘客和站厅乘客已不拥挤，或接到站台岗报告后立即报告值班站长。

③值班站长。接报后通知行车值班员开启全站的进站闸机和 TVM，通知出入口工作人员可以让乘客进站，恢复正常运营。

④行车值班员。按值班站长的要求开启、关闭 AFC 设备，报告行车调度员和站长。

⑤行车调度员。向值班主任汇报车站大客流已缓解，车站恢复正常运营。

⑥值班主任。向主管领导汇报大客流已经缓解，车站恢复正常运营。

⑦客运值班员。带领站务员回票务室结算预制票。

⑧站务员。继续做好日常站务工作。

⑨支援人员。回到原车站。

2. 可预见性大客流应急处理程序

可预见性大客流在车站的处理方式和程序与突发性大客流基本相同，不同的地方主要体现在控制中心的一些应对措施上。

1）上、下班高峰期 OCC 应对处理程序

①值班主任。加强对列车运行情况和大站客流情况的监视；加强 AFC 的中央计算机系统（CC）的数据收集；视情况组织加开列车；通知地铁公安协助。

②行车调度员。按列车运行图执行；发现乘客较多时，通知车站注意人潮控制，通知司机进站加强瞭望及列车如未上满客时适当延长停车时间（人潮站），根据值班主任指示，组织加开列车疏导乘客。

③电力调度员。防止人员误入变电所；加强对各变电所运行情况的检查。

④环控调度员。加强设备监控；保持车站处于一个良好的温、湿状态。

⑤设备调度员。通知各专业维修人员加强设备巡检。

2）节假日及重大活动 OCC 应对处理程序

①值班主任。根据节日性质及节日、活动的具体地点、时间，决定在折返线或存车线预放备用车；加强 AFC 的 CC 数据收集，根据现场情况决定加开备用车的行车组织方案；根据需要调配突击队、机动队员支援突发人潮的车站；通知地铁公安协助；值班主任报告公司值班领导、运营部值班领导。

②行车调度员。按要求把备用车安排到预定的存放地点；通知各站，密切监视客流动态，当接到车站司机报乘客上不了车时，报告值班主任；执行值班主任加开列车命令，通知司机入站时加强瞭望，注意行车安全，当列车未上满客时适当延长停站时间；通报 AFC 各类应急模式，要求全线配合。

③电力调度员。加强对各变电所运行情况的检查。

④环控调度员。注意观察客流情况；根据温、湿度增开冷水机组，或改为全新风空调模式运行。

⑤设备调度员。通知各专业的维修人员加强设备巡检。

📖 **案例分析**

白俄罗斯明斯克地铁大客流踩踏事故

1. 事件概况

1999 年 5 月 30 日，白俄罗斯明斯克当地时间 20：00 左右，超过 2500 人正在尼阿米亚地铁站外参加一场户外摇滚音乐会。突然，天气发生变化，下起了冰雹，大量观众为躲避冰雹，匆忙涌进了附近的尼阿米亚地铁站，与站内的出站客流发生冲突，导致几分钟之内迅速演变为踩踏事故。此次事故共造成 54 人死亡，250 多人受伤。

2. 事件原因分析

（1）此次事故主要是人群盲目涌入地铁站造成突发大客流，地铁运营企业相应的应急预案不完善，车站人员不能有效疏导、控制客流造成人员踩踏。

（2）事故发生突然且天气恶劣，场面非常混乱，事发区域所属的应急部门没有自主行动权，加之缺乏相应的应急预案，平时也没有进行相关的演练，救援行动十分困难，事态逐步扩大。

（3）紧急医疗救助方面存在漏洞，事故发生后造成重大伤亡，事发地点附近没有应急救护车，导致不能对受伤人员进行及时救治和转移，加剧了人员伤亡。

3. 案例评析

明斯克音乐会主办方组织不力，缺少集会紧急医疗资源，明斯克地铁运营企业对大客流预测不足，突发人潮不能得到及时疏散和处理。

技能工作页 车站突发性大客流应急演练

一、岗位分组

本次任务为车站突发性大客流应急演练，可以采用桌面演练（如有条件可以采用虚拟仿真形式）等不同形式，各组采用班组轮值制度，学生按照预案分配角色，轮流扮演值班站长、行车值班员、客运值班员、站务员等角色，每个组员都有锻炼组织协调、班组管理、考核评价、总结汇报等能力的机会。通过小组协作，培养学生团结合作、互帮互助精神和协同攻关能力。

各组根据角色分配填写表 2-3-1。

任务分组表   表 2-3-1

组号		组名（车站名）	
组训			
团队成员	学号	角色指派	岗位职责
		值班站长	组织桌面演练；按照预案岗位要求演练
		行车值班员	按照预案岗位要求演练；完成各项考核任务
		客运值班员	协助值班站长组织桌面演练；按照预案岗位要求演练
		站务员 1	按照预案岗位要求演练
		站务员 2	按照预案岗位要求演练
		……	……

二、文件依据

请各组同学依据表 2-3-2，组织开展应急演练方面的法规和标准规范等文件的学习，掌握应急演练相关文件要求。

应急管理相关法律法规文件依据   表 2-3-2

文件名称	文号/标准号	任务相关文件内容学习
《城市轨道交通客运组织与服务管理办法》	交运规〔2019〕15 号	了解突发大客流控制的法律法规要求
《道路运输企业和城市客运企业安全生产重大事故隐患判定标准（试行）》	交办运〔2023〕52 号	车站大客流定性为重大事故隐患
《××企业大客流、踩踏及疏散应急预案》	—	车站发生大客流、踩踏事件相关应对措施等；大客流控制措施、信息报告和响应程序等

三、引导问题

（1）大客流三个级别的车站控制措施分别包括哪些内容？

（2）车站突发大客流有哪些风险因素？

（3）突发大客流，信息报告如何执行？

（4）站台区域发生踩踏事件该如何处理？

四、任务布置

1. 任务要求

各小组按照以下具体要求完成任务。

（1）各小组按演练题目编制完整的演练方案。

（2）各小组根据演练方案在平面布局图上开展桌面演练，评估人员全程做好视频记录保存或上传课程平台。

2. 任务内容

某日某站突然有大量人员从车站 C 出入口涌入车站乘车，车站根据客流情况实施第三级客流控制。学生根据以下预设条件分组进行演练。

（1）某车站某日突然有大量人员从车站 C 出入口涌入车站乘车。

（2）站台开始出现乘客拥挤现象，立即在安检处设置回形阵，工作人员赶赴各关键点组织乘客有序乘车。

（3）站厅开始出现拥挤现象，组织人员同地铁公安一起到 C 出入口对客流进行控制。

3. 演练记录和评估

演练过程中由客运值班员或其他组观察员拍摄视频，演练结束后由客运值班员和行车值班员填写演练实施记录及评估报告，就演练小组演练过程给出评价。

五、演练实施记录及评估报告

根据演练实施过程，完成表 2-3-3。

演练实施记录及评估报告 表 2-3-3

演练项目：车站突发性大客流应急演练								
班级		演练小组			评估小组			
演练小组分工	组长		组员		组员		组员	
	岗位		岗位		岗位		岗位	
	组长		组员		组员		组员	
	岗位		岗位		岗位		岗位	
演练时间	年 月 日			演练地点				
演练概况：								

技能工作页

续上表

演练过程记录			
序号	时间	过程描述	存在的问题

评估总结				
项目	评价			意见
小组协同情况	□优秀	□良好	□合格	□不合格
各岗位表现情况	□优秀	□良好	□合格	□不合格
演练效果情况	□优秀	□良好	□合格	□不合格
演练方案编制	□优秀	□良好	□合格	□不合格

总评价意见：

演练总体评价	□优秀	□良好	□合格	□不合格
演练小组评价及改进建议				
序号	存在的问题		改进措施	

技能工作页

六、考核评价

各组介绍任务完成情况并提交相关材料，进行小组自评、组间互评、教师评价，完成考核评价表 2-3-4。

考核评价表　　　　　　　　　　　　　　　表 2-3-4

序号	评价项目	评价内容	分值	自评（30%）	互评（30%）	教评（40%）	合计
1	职业素养	分工合理，制订计划能力强，严谨认真	5				
		爱岗敬业、安全意识、责任意识、服从意识	5				
		团队合作、交流沟通、互相协作、分享能力	5				
		遵循国家文件要求和行业规范	5				
		主动性强，保质保量完成技能工作页相关任务	5				
		具备有效组织工作的能力	5				

续上表

序号	评价项目	评价内容	分值	自评（30%）	互评（30%）	教评（40%）	合计
2	专业能力	熟悉大客流控制和组织的基本程序，包括信息报告、客流疏散、踩踏处理等程序	5				
		熟悉大客流处置原则，具备清晰的大客流组织应对思路	5				
		能依据不同响应级别编制车站大客流应急演练方案	10				
		依据演练方案熟练开展桌面演练	20				
		突发大客流应急演练知识融会贯通，达到考核要求	20				
3	创新意识	了解大客流监测前沿技术	5				
		对线控和网控大客流组织有一定的理解	5				
合计			100				
评价人				评价时间			

任务4　城市轨道交通大面积停电应急处理

一、大面积停电故障对城市轨道交通运营造成的影响和危害

地铁列车、通信信号设备、售检票设备、照明设备和给排水设备的运行都需要稳定的电能供给。如果运营期间发生停电故障，轻则会导致车站的自动扶梯等设备停止运行，影响车站的服务质量；重则会导致列车迫停在区间，使地铁中断运营。因此，针对运营期间的大面积停电故障，需要制订操作性强的应急处置对策，从而将故障带来的影响降到最低。

当地铁在运营期间发生大面积停电故障时，失电负荷的不同给地铁的运营带来的干扰程度也不同。Ⅰ类负荷停电，地铁将中断运营或降级运营；Ⅱ类负荷停电，地铁能正常运行，但车站为乘客提供的服务质量降低；Ⅲ类负荷停电，对地铁的运营没有影响，但空调季节时，站厅和站台的环境温度会上升。

1. 大面积停电对设备造成的影响

（1）信号设备通过不间断电源系统（UPS）供电，道岔有表示，但不能正常电动操作（转辙机无法通过 UPS 供电），折返站需要人工准备进路。

（2）通信设备的公务电话、有线调度台、CCTV、无线通信设备、车站广播等可通过 UPS 供电，无线手持台可正常使用。

（3）售检票设备的自动售票机 5min 后停止工作，闸机扇门保持打开状态；车站的售票机和车站票务计算机通过 UPS 供电。

（4）正常照明及广告照明停止工作，办公电脑、普通插座停电；事故照明及导向显示可通过 UPS 供电。

（5）站台的站台门（安全门）可以通过 UPS 供电，可维持站台门控制系统运行 30min 和正常开关门作业 3 次，UPS 电能耗尽后保持在最后一次的开门或关门状态。

（6）空调通风设备、排水泵停止工作，自动扶梯停止工作，无障碍电梯迫停在地面层，火灾自动报警系统（AFAS）和车站设备监控系统（BAS）可通过 UPS 供电。

（7）车辆段内接触网停电。

> **? 学习与思考**
>
> 根据城市轨道交通大面积停电后设备 UPS 供电的时间和作业次数，思考发生大面积停电后应急处置作业的先后顺序和要求。

2. 大面积停电对运营造成的危害

地铁发生停电后，会造成以下常见危害。

（1）可造成地铁局部或全线运营中断，影响乘客正常出行，给城市地面交通带来极大

压力。

由于地铁以电为动力，一旦供电中断，列车就面临"瘫痪"的危险。在现代城市中，地铁作为一种快速、大容量的交通工具，在城市交通体系中发挥着极其重要的作用。如果供电中断造成地铁停运，乘坐地铁的这部分客流必然会在短时间内迅速转向地面交通，这对地面交通将是一个巨大的考验。而客流突然增大，必然会影响地面交通的服务质量，造成乘客出行时间的增加和出行效率的降低。

（2）在人员疏散过程中产生瞬间大客流，容易引起乘客恐慌，可能会造成踩踏、挤压等乘客伤害事件。

地铁在一种相对密闭的环境中运行，在地下区段没有自然采光，仅靠灯光照明。大面积停电之后如果应急照明不能及时启动，乘客将处于黑暗之中。即便有应急照明可以使用，其照明的广度和亮度也不足以与正常照明相比，在这种毫无思想准备的情形之下，乘客会感到压抑和恐惧。此外，如果大面积停电发生在客流高峰时段，疏散的难度必然加大。一旦客运组织不力，就很容易发生踩踏、挤压等乘客伤害事件，给乘客造成心理和身体上的双重伤害。

（3）供电中断可能造成通信、信号、机电等系统不能正常使用，从而引发次生故障和灾害。

在正常情况下，大面积停电后诸如通信、信号等系统应由 UPS 供电，以保证其能够在一段时间内继续使用。然而，一旦停电时间过长或 UPS 本身出现问题，将无法保证这些系统的正常使用，会给地铁带来潜在的次生影响。如果不能及时应对，会给乘客疏散、列车调整、应急指挥、故障抢险等工作带来更大的困难，甚至危及乘客和员工的安全。

（4）影响地铁企业在公众心中的形象。

在发生大面积停电事件之后，乘客的利益受到损害，他们对地铁的认可度和忠诚度随之降低。由于涉众之广、影响之大，地铁企业的形象会严重受损，并且负面影响在短时期内无法消除。

📖 知识拓展

地铁大面积停电故障等级

在地铁运营过程中，根据停电的影响范围，将停电故障划分为三个等级：

Ⅰ级：地铁2座主变电所因故退出运行，全线车站及接触网供电中断。

Ⅱ级：地铁1座主变电所因故退出运行。

Ⅲ级：地铁1个交流供电分区供电中断。

对于停电故障，有些可以通过调整电力系统的运行方式来迅速恢复失电分区的供电，有些则必须等到故障消除后方能恢复供电。随着停电时间的延长，故障对地铁运营的影响将进一步加剧，因此故障等级也将逐步升级。

车站的各类用电设备根据其在行车安全和乘客服务方面发挥的作用不同，按照重要性划分为三类负荷。Ⅰ类负荷除了有两路电源供电外，还有 UPS 供电，当两路电源同时失电时 UPS 至少能够提供设备 30min 的用电；Ⅱ类负荷有两路电源供电；Ⅲ类负荷仅有一路电源供电，见表 2-4-1。

供电负荷分类表　　　　　　　　　　　　　　表 2-4-1

负荷类别	用电设备名称
Ⅰ类负荷	通信信号系统、电力监控系统、站台门、防灾报警系统、车站设备自动监控系统、变电所用电设备、CCTV、车站广播系统、乘客信息系统（PIS）、事故照明及导向系统、时钟系统、自动售检票系统的自动售票机和车站计算机等
Ⅱ类负荷	自动扶梯、无障碍电梯、楼梯升降机、设备区照明系统、管理区照明系统、站厅和站台照明系统、外部通信电源、维修电源、空调机组、区间排水泵、污水泵、废水泵、雨水泵、消防泵、事故风机及其风阀、排烟风机及其风阀、PIS 电视、自动售检票系统的自动检票机、出入口卷帘门、办公电脑等
Ⅲ类负荷	冷水机组、广告照明系统、商业用电负荷、开水炉等

🔔 引以为戒

国内外城市轨道交通大面积停电案例

2007 年 10 月 23 日，日本东京地铁大江户线（中井—丰岛园）突然停电，造成全线停运，1300 人被困在地铁列车上。工作人员打开紧急逃生门疏散乘客，但一次只能通过 1 人，于是有乘客被困车厢约 2h，之后，10 人因身体不适被送往医院治疗。日本东京都交通局表示，这次停电 30min 之后，部分列车恢复运行，但仍有部分区间列车停驶，直至 3h 之后才全部恢复。这场停电事故共导致大江户线 72 班地铁列车停驶，9.3 万人行程受到影响。东京都交通局初步调查指出，此次停电是因为变电所出现故障。

2012 年 9 月 5 日 13∶37，由于供电线路牵引线断裂，深圳市地铁龙华线发生大范围电力故障，民乐站至福田口岸站列车停运和封站。停电瞬间，市民中心站至少年宫站区间某次列车车厢剧烈震动，空调关闭，乘客不敢坐在位子上，全部蹲在地上。随后，港铁轨道交通（深圳）有限公司开始疏导客流，深圳市交通运输委员会启动龙华线民乐站至福田口岸站公交应急接驳方案，深圳地铁集团也停止了罗宝线会展中心站、蛇口线市民中心站往龙华线的换乘服务（图 2-4-1），在运营正常的罗宝线、蛇口线不间断广播告知乘客。香港东铁线广播通知过境旅客利用罗湖口岸过关。

图 2-4-1　深圳市地铁龙华线发生大范围电力故障

2016 年 7 月 25 日 8：25，成都地铁 1 号线站内突发供电故障，导致列车发车间隔延长，多列车辆临时停车并启动车内应急照明。8：49，故障排除，地铁恢复正常运行。

二、大面积停电的应对原则和措施

地铁大面积停电的原因是不可预知的，其停电的范围和造成的影响也是无法预料的。因此，在应对大面积停电的时候，地铁运营企业应以"安全第一"为前提，在事故处理过程中坚持"统一指挥、快速反应、各司其职、密切配合"的原则，力争尽快修复故障、恢复正常运营，减小事故造成的影响范围。

1. 应急指挥

大面积停电事故发生后，现场负责人要第一时间向运行控制中心（OCC）报告，同时电力调度员要对停电信息进行确认，之后马上向值班主任报告。运行控制中心接报后，应立即通知相关专业（电力、通信、信号、机电等）人员，并将停电信息向上级汇报。主管领导接报后，应立即成立应急指挥中心，并安排故障抢修组、行车指挥组、客运组织组、对外联系组、后勤保障组等分别开展行动。

在事故发生后的第一时间内，在进行信息上报的同时，运行控制中心应组织开展初步的应急处理工作。待应急指挥中心成立后，运行控制中心要在其指导下开展指挥工作，遵循事故处理过程中"统一指挥"的原则。

2. 行车组织

大面积停电事故发生后，行车调度员应立即制订行车调整方案，并报值班主任批准。行车指挥工作要遵循"安全、稳定"的原则，在不受大面积停电影响的区域要尽可能维持列车正常运营，保证列车服务。在大面积停电区域要和故障抢修人员、车站工作人员、电客车司机等其他岗位工作人员密切配合，保证设备及时、顺利抢修，乘客得以安全疏散。

在制订行车调整方案时，要综合考虑停电范围、行车间隔、线路情况、车辆状况等不同因素，做出最适合当前情况的行车安排。在一般情况下，主要有以下几种措施可供选择。

1）小交路运行

在不受大面积停电影响的区域，充分利用区间渡线安排列车折返，维持小交路运行。

2）分段运行

如果大面积停电发生在线路中部区域，可在不受影响的线路两端各自维持小交路运行。

3）单线双向运行（拉风箱）

如果只有一条线路供电受影响，可安排另外一条线路进行单线双向运行。在这种情况下，如果单向线路距离过长，势必会影响列车运行效率。因此，可以分段分别进行单线双向行车，以提高行车效率。

4）列车跳停

如果列车牵引供电未中断，而车站发生大面积停电，可在相应车站人员疏散完毕后进行闭站，通过车站的列车不再停车。

在行车调整过程中，行车调度员要将列车调整情况及时向车站通报，以便车站妥善安排好客运组织工作。

3. 客运组织

客运组织工作应与行车指挥工作密切配合，把乘客的安全放在第一位，在安全得到保证的基础上，最大限度地提高服务质量。在事故发生后的第一时间内，车站值班人员和列车司机应利用广播向乘客发布相关信息，一方面要稳定乘客情绪，引导乘客配合地铁工作人员的指挥进行有序疏散，另一方面要告知乘客列车运行状况，必要时规劝乘客选择其他交通方式出行。

在地铁发生大面积停电的情况下，车站客运组织工作从以下几个方面开展：

1）车站人员疏散

当车站动力供电中断影响乘客的正常出行，或列车牵引供电中断造成停站的列车无法继续运行时，需要进行车站人员疏散。

车站照明中断后，车站工作人员应安抚乘客情绪并寻求乘客配合，同时立即将存放在车站的大功率应急照明灯布置在车站关键部位，以便乘客有序疏散。在疏散过程中，要打开所有闸机通道和边门，关闭自动售票机，并及时播放应急广播进行引导。此外，还要在关键点位进行人员布控，包括闸机、楼梯（自动扶梯）口和出入口，这些地点都是容易造成乘客拥堵的关键"节点"，需要重点加强引导和防范。此外，对站台两端端头门也应进行控制，防止乘客误入区间。在此过程中，车站人员应联系驻站民警维持好疏散秩序，并重点照顾好特殊乘客（老、弱、病、残、幼等）。在情况允许时，尽可能做好对已购票乘客的票务处理工作，如现场退票或授权乘客可持票在限定期限内再次乘坐地铁。如果形势紧急，则应以人员疏散为主。待乘客全部疏散完毕后，关闭车站，并在所有出入口张贴闭站公告。

2）区间人员疏散

当列车牵引供电中断造成列车在区间无法运行并在短时间内无法恢复时，需要对列车上的乘客进行区间疏散，列车在区间疏散应得到行车调度员的许可。

列车在区间停车后，司机应第一时间与行车调度员联系，确认故障情况，听从行车调度员的指挥。在停车过程中，司机应保证列车通风系统正常运行，并通过列车广播对乘客进行引导，稳定乘客情绪。在疏散之前，行车调度员应通知车站派人进入区间进行引导。

引导人员在进入区间之前，应按规定穿着荧光背心，携带通信工具及应急照明设备。如果区间有岔线或临时存车线，还应在这些位置安排人员进行防护，以防乘客进入，在站台端头也应安排人员接应。环控调度员则应负责开启区间照明，启动环控"列车阻塞"模式，对区间进行送风。

当车站接应人员到达故障车停留位置以后，行车调度员下达区间疏散的命令，司机打开距离车站较近一端的列车紧急疏散门进行疏散。当乘客由区间进入车站后，再按车站人员疏散程序将这部分乘客疏散出站。

3）地面交通接驳

如果大面积停电发生在客流高峰时段，影响范围广且短时间内不易恢复，为尽快将地铁乘客转移到目的地，减轻车站压力，应及时启动地面交通接驳方案，联系城市客运管理部门，安排公交车和出租车进行支援。

在与公交客管部门进行联系时，应当说明地铁车站出入口的位置、预计疏散的乘客人数，以及需要接驳的公交车（或出租车）数量。

4. 故障抢修

故障抢修要遵循"先通后复"的原则，即先对故障点进行隔离，以保证正常设备的运行，必要时可以采用"单边供电""越区供电"的措施，使电力系统在最短时间内恢复能够维持正常运营的状态。待当日运营结束之后，再对相关设备进行进一步检修、更换，以及完成事故的分析和调查工作。

5. 后勤保障

在故障处理或车站客运组织过程中，如果需要设备、器具以及人员支援，应进行紧急调配，以保证一线人员的需求。在这种情况下，后勤保障工作在很大程度上决定运营恢复的时间。

6. 信息发布

事故发生后的信息发布原则为"统一口径、及时沟通"，确保地铁服务热线接线人员在第一时间内知晓事故的实情，以便能够正确解答乘客询问，处理乘客投诉。同时，相关部门也可与电视、广播媒体联系，通过电视台和交通广播电台等媒介，提示公众改乘其他交通工具，运营恢复后应立即公布运营恢复信息，减少社会不良影响。

7. 恢复运营

在设备故障修复之后，抢修人员应短暂观察设备试运行状况，待确保满足安全运营的条件之后，经应急指挥中心批准，由运行控制中心向全线各单位发布恢复运营的命令。此时，所有受影响关闭的车站可重新开站运营，停在区间的列车继续运行至前方车站后载客运行，停在车站的列车可直接载客运行。

在运营恢复之后，运行控制中心应对在线所有列车进行重新调整。受停电影响暂停运营的列车重新投入运营，全线恢复正常的行车模式。由于受事故影响，运行控制中心需要对列车运行间隔进行人工调整，合理分配列车间隔，使所有列车在最短时间内按图行车。当全线车站全部正常开放，以及正线列车全部按图行车以后，地铁运营恢复正常。

三、大面积停电运营人员应急处理程序

1. OCC 应急处理程序

1）正线接触网供电故障应急处理程序

①值班主任。向当值调度员宣布进入接触网供电故障处理状态；确认故障影响范围，制订行车方案指令行调执行，要求电调尽快组织处理；向客运部、安保部、公司分管领导汇报；和电调共同制订越区供电方案并了解影响；及时向电调、设调（维调）了解故障处理进展。

②行调。如接触网断线或绝缘子击穿短路引起跳闸，扣停接近故障地点的列车，通知车站和司机；要求受影响区域正在运行列车的司机驾驶列车滑行到达前方站；确认在故障区停车的位置及列车服务号；通知各站及车厂信号楼调度员故障情况；电调要求时，通知故障区域的列车降下受电弓；必要时，准备列车救援；如刮弓或支柱定位故障，则扣停接近列车并退回发车站；如来不及，则要求司机降下受电弓滑行通过故障区段；列车停在区间不能动车时，行调按规定组织车站和司机隧道落客，通知相关车站；组织非故障区间列车维持运营；执行越区供电后的运行方案；组织故障区间故障抢修，检查安全防护措施实施情况；故障修复，确认送电按图调整运行。

③电调。指示有关人员确认接触网故障的位置及影响范围；通知值班主任故障范围，必要时停电抢修接触网；要求行调通知司机降下受电弓或限速降弓运行；注意停电区段并做好安全措施；确定停电区段内的刀闸、开关分开；通知设调（维调）故障情况，并要求其尽快派出抢险车。

④环调。确定停电影响范围和有无列车停在区间内；有列车停在区间内时监控 BAS 执行阻塞模式；按电调要求，如有限制电负荷需要或控制三类负荷需求，则对相关车站下达停开部分或全部环控设备的命令；通知站务检修人员配合抢修；在事故处理过程中，注意值班主任、行调、电调、设调（维调）的通知；恢复设备运行。

2）主所跳闸的供电故障应急处理程序

①值班主任。向当值调度员宣布进入主所跳闸供电故障处理状态；要求电调组织处理，尽快恢复供电，和电调协商处理办法；向客运部、安保部、公司分管领导汇报；影响运营时，根据电调提供的影响范围和行调共同制订行车方案。

②行调。通知全线司机故障情况及留意网压显示，司机发现网压低于 1200V 时报告行调，如列车无网压，尽量惰行进站；通知全线及车厂信号楼调度员故障情况；遇网压低于 1200V，按值班主任的方案组织行车；通知各站做好客运服务工作。

③电调。指示主所值班员确认故障部位及影响范围；全所失压时通知值班主任、环调和设调（维调），并尽快与地方电力局调度员取得联系，确认故障原因并要求其尽快恢复供电；一条进线失压，切开进线开关，投入 35kV 母联开关，恢复三类负荷供电；35kV 馈线开关故障，切除故障馈线开关、电缆及相关变电所进线开关，通过变电所 35kV 联络开

关恢复供电，恢复三类负荷供电。

④环调。通知站务检修人员检查受影响情况；根据电调要求通知受影响车站关闭三类负荷；根据供电恢复情况，指挥车站恢复部分或全部车站机电设备的运行。

3）降压变电所供电故障应急处理程序

①值班主任。向当值调度员宣布进入降压变电所供电事故处理状态；要求电调组织处理，尽快恢复供电；向客运部、安保部、公司分管领导汇报。

②行调。如果影响车站站台照明、亮度，则通知有关列车司机降低进站速度至40km/h，并加强瞭望；通知相关车站做好乘客引导工作。

③电调。一个开关故障，影响一个所三类负荷，通知设调（维调）组织人员检修；进线失压，会引起该供电区内自本所以下的所有车站三类负荷停电，尽快调整运行方式恢复供电或转移负荷；35kV母线故障，切开全部35kV开关令该变电所退出运行，通过下一个变电所的35kV联络开关恢复受影响变电所供电；变压器故障，撤除故障变压器，停止故障所的三类负荷；更换故障的保护元件。

④环调。通知车站关闭三类负荷；通知站务检修人员进行抢修；要求站务检修人员对低压设备进行检查；根据站务人员检查情况，判断是否需要派机电人员协助抢险并通知设备调度（维修调度）人员；根据变电所送电情况恢复部分或全部车站机电设备运行；注意车站客流情况，防止新风量不足导致乘客缺氧。

4）中间牵引所跳闸的供电事故应急处理程序

①值班主任。向当值全部调度员宣布进入相应的牵引所供电事故处理状态；要求电调组织处理，尽快恢复供电，和电调协商处理办法；向客运部、安保部、公司分管领导汇报；影响运营时，根据电调提供的影响范围和行调共同制订行车方案。

②行调。确定故障区列车服务号、停留地点，列车在区间时，要求故障区司机尽量惰行进站；电调要求时，通知故障区列车降下受电弓；指示各站扣停将要进入无电区的列车，同时通知司机；通知各站及车厂信号楼调度员；执行值班主任应急方案，组织好相关列车运营。

③电调。向值班主任、设调（维调）通报有关故障情况；通知变电所值班人员检查设备及所内PC机记录，根据值班员汇报判断故障性质及影响范围；控制电源失压引起的两个相邻牵引变电所设备停电，及时恢复送电；为框架保护联跳，退出故障所进行越区供电；全所失压，通知环调控制三类负荷；直流馈线电缆故障，退出故障电缆，实行越区供电；接触网故障的，组织抢修接触网，同时对变电所相关开关设备进行检查。

④环调。确定停电影响范围和有无列车停在区间内；有列车停在区间内时监控BAS执行阻塞模式；按电调要求，如有限制电负荷需要或控制三类负荷需求，则对相关车站下达停开部分或全部环控设备的命令；在事故处理过程中，注意值班主任、行调、电调、设调（维调）的通知；恢复设备运行。

2. 司机应急处理程序

司机遇到线路停电应迅速报告行调，报告内容包含停电时间、地点、列车情况（正常照明、事故照明）、影响情况、报告人的职务和姓名。

信息报告后，即按行调指示执行，维持列车惰行，尽可能进站对标停车；如果列车一部分停在站内或隧道内，司机应立即报告行调，并按照行调的指示执行；不断用广播安慰列车内的乘客不要恐慌，注意安全。救援人员到达后，司机打开距离车站较近一端的车门，乘客在救援人员的带领下进入车站并根据车站的疏散程序疏散。

3. 车站应急处理程序

车站停电后立即向控制中心、客运部、安保部、公司分管领导报告，报告内容包含停电时间、地点、车站情况（正常照明、事故照明）、影响情况（行车设备、售检设备、广播、监视器）、报告人的职务和姓名。

具体应急处理如下：

①值班站长。指示票务岗停止售票，客运值班员、站务员拿应急灯到站台；根据现场的实际情况，在得到行调的同意后关闭车站；接到疏散的命令，即用广播疏散站厅的乘客；不断用广播安慰站台的乘客不要恐慌，注意上下车安全；广播恢复供电的信息；来电后报告行调，通知站厅、站台的员工，保安将应急灯放回原位，恢复运营服务。

②行车值班员。发现停电后，即报告行调、电调、警务站和站务中心；根据行调命令做好行车组织工作，必要时联系行调，要求列车限速；接到行调命令后，车站退出运营；通过监视器加强对站台的监视，注意站台安全。

③客运值班员。按值班站长的指示，拿应急灯到站台维持秩序；与站台的员工、保安一起，照顾上车的乘客；与站务员及保安一起，照顾站厅的乘客；协助站务员疏散站厅的乘客；安排票务岗和站厅岗回岗恢复服务工作。

④站台岗。发生低压配电没电及故障照明故障，拿出应急照明设备，并向值班站长报告；维护站台的秩序，按规定立岗接车。

⑤站厅岗。拿手提广播到站台维持秩序；用广播提醒乘客上车时注意列车与站台的空隙；听从值班站长的指挥关闭车站出入口。

⑥票务岗。停止售票，将票与款收好锁好；听从值班站长指挥，做好解释疏导工作，维护车站秩序。

📖 案例分析

伦敦地铁大规模停电事故

1. 事件概况

2010 年 10 月 18 日 8：50，伦敦地铁朱比利线芬奇利路站和伦敦塔桥站之间，由于供电系统故障，双向线路均中断行车，导致 5 列地铁列车被迫停在隧道内，多名乘客被困在拥挤、闷热的列车内数小时，超过 4000 人的出行受到影响，地铁电力中断约 2.5h，数小时后才将乘客疏散完毕，未造成人员伤亡，但许多乘客在黑暗中因呼吸困难而感到恐慌。

任务内容

2. 事件原因分析

（1）事故的直接原因为供电系统故障。

（2）伦敦地铁疏散效率不高，救援工作滞后是本次事故的间接原因。乘客事后反映，许多乘客被困在隧道中近3h才被成功疏散，应急救援的不及时导致疏散时间延长。

（3）事故发生后从车站疏散的乘客必须通过刷卡的方式才能出站，给乘客的疏散造成了极大不便，同时也降低了疏散效率。

3. 案例评析

伦敦地铁针对大面积停电的疏散缺少演练，事故发生后缺少对应的预案和措施，导致疏散效率不高和救援工作滞后。

技能工作页　车站大面积停电应急演练

一、岗位分组

本次任务为车站大面积停电应急演练，可以采用桌面演练（如有条件可以采用虚拟仿真形式）等不同形式，各组采用班组轮值制度，学生按照预案分配角色，轮流扮演值班站长、行车值班员、客运值班员、站务员等角色，每个组员都有锻炼组织协调、班组管理、考核评价、总结汇报等能力的机会。通过小组协作，培养学生团结合作、互帮互助精神和协同攻关能力。

各组根据角色分配填写表 2-4-2。

任务分组表　　　　　　　　　　　　　　　　表 2-4-2

组号		组名（车站名）	
组训			
团队成员	学号	角色指派	岗位职责
		值班站长	组织桌面演练；按照预案岗位要求演练
		行车值班员	按照预案岗位要求演练；完成各项考核任务
		客运值班员	协助值班站长组织桌面演练；按照预案岗位要求演练
		站务员 1	按照预案岗位要求演练
		站务员 2	按照预案岗位要求演练
		……	……

二、文件依据

请各组同学依据表 2-4-3，组织开展应急演练方面的法规和标准规范等文件的学习，掌握应急演练相关文件要求。

应急管理相关法律法规文件依据　　　　　　表 2-4-3

文件名称	文号/标准号	任务相关文件内容学习
《国家大面积停电事件应急预案》	国办函〔2015〕134 号	了解大面积停电组织和应急响应方面的法律法规要求
《供配电系统设计规范》	GB 50052—2009	用电负荷等级划分和要求
《××企业大面积停电专项应急预案》	—	熟悉主变电所、正线各变电所及所间大面积停电故障时的应急处置措施、信息报告和响应程序等

三、引导问题

（1）请阐述城市轨道交通供电系统的基本架构。

（2）大面积停电时如何确定事故严重程度和故障等级？

（3）全面说明车站机电设备针对停电保护和维持运营是如何设计的。针对这种设计，如何确定大面积停电后车站机电设备的应对处置程序？

（4）车站发生大面积停电时，该如何安全疏散乘客？

四、任务布置

1. 任务要求

各小组按照以下具体要求完成任务。

（1）各小组按演练题目编制完整的演练方案。

（2）各小组根据演练方案在平面布局图上开展桌面演练，评估人员全程做好视频记录保存或上传课程平台。

2. 任务内容

某车站设备设施老化造成全站范围内停电。学生根据以下预设条件分组进行演练。

（1）车站突发大面积停电，接触网供电正常。

（2）行车值班员立即向控制中心、客运部、运营分公司领导报告。

（3）值班站长派工作人员、公安人员等到站台，维持站台秩序。

（4）确认车站事故照明和导向工作正常，引导乘客出站。

（5）确认无障碍电梯内是否有人，自动扶梯上是否有乘客摔伤。

（6）加强车站防火巡查和治安保卫工作。

（7）抢修人员到达现场，故障排除，演练结束。

3. 演练记录和评估

演练过程中由客运值班员或其他组观察员拍摄视频，演练结束后由客运值班员和行车值班员填写演练实施记录及评估报告，就演练小组演练过程给出评价。

五、演练实施记录及评估报告

根据演练实施过程，完成表2-4-4。

演练实施记录及评估报告 表2-4-4

演练项目：车站大面积停电应急演练							
班级		演练小组			评估小组		
演练小组分工	组长		组员		组员		组员
	岗位		岗位		岗位		岗位
	组长		组员		组员		组员
	岗位		岗位		岗位		岗位
演练时间	年 月 日			演练地点			
演练概况：							

续上表

演练过程记录			
序号	时间	过程描述	存在的问题

评估总结				
项目	评价			意见
小组协同情况	□优秀	□良好	□合格	□不合格	
各岗位表现情况	□优秀	□良好	□合格	□不合格	
演练效果情况	□优秀	□良好	□合格	□不合格	
演练方案编制	□优秀	□良好	□合格	□不合格	

总评价意见：

演练总体评价	□优秀	□良好	□合格	□不合格

演练小组评价及改进建议	
序号	存在的问题	改进措施

六、考核评价

各组介绍任务完成情况并提交相关材料，进行小组自评、组间互评、教师评价，完成考核评价表2-4-5。

考核评价表　　　　　　　　　　　　　　　表2-4-5

序号	评价项目	评价内容	分值	自评（30%）	互评（30%）	教评（40%）	合计
1	职业素养	分工合理，制订计划能力强，严谨认真	5				
		爱岗敬业、安全意识、责任意识、服从意识	5				
		团队合作、交流沟通、互相协作、分享能力	5				
		遵循国家文件要求和行业规范	5				
		主动性强，保质保量完成技能工作页相关任务	5				
		具备有效组织工作的能力	5				

续上表

序号	评价项目	评价内容	分值	自评 （30%）	互评 （30%）	教评 （40%）	合计
2	专业能力	熟悉城市轨道交通供配电系统	5				
		熟悉大面积停电对车站各机电设备的影响和应对措施	5				
		能依据不同场景编制车站大面积停电应急演练方案	10				
		依据演练方案熟练开展桌面演练	20				
		车站大面积停电应急演练知识融会贯通，达到考核要求	20				
3	创新意识	了解城市轨道交通车站机电设备停电后处置方法	5				
		对不同等级不同范围大面积停电有一定的理解	5				
	合计		100				
	评价人		评价时间				

城市轨道交通火灾、公共安全与公共卫生突发事件应急处理

项目说明

本项目围绕城市轨道交通火灾、公共安全与公共卫生突发事件的基本规律等内容，要求学生理解相关法律法规和交通管理部门文件要求，领会运营企业针对此类突发事件的组织和应对处置原则，着重学习运营岗位面对相关火灾、公共安全和公共卫生突发事件时的应急处置职责和方法，培养运营从业人员在突发事件处理过程中的应对能力和素质。

📋 **项目目标**

1. 知识目标

（1）了解城市轨道交通火灾、公共安全及公共卫生突发事件的基本特征和主要危害。

（2）了解城市轨道交通火灾、公共安全及公共卫生应急处置相关法律法规及政策。

（3）掌握运营各岗位应对城市轨道交通火灾、公共安全及公共卫生突发事件的主要职责和工作程序。

2. 能力目标

（1）初步具备城市轨道交通火灾、公共安全及公共卫生突发事件定性、定级的判断能力。

（2）掌握城市轨道交通火灾、公共安全及公共卫生突发事件的应急处置程序。

（3）具备城市轨道交通火灾、公共安全及公共卫生突发事件相关案例的有效分析能力。

3. 素养目标

（1）培养学生规划和预案编制的严谨性和系统性，自发从人民群众的视角，强化服务意识和责任意识，塑造职业素养。

（2）结合车站各岗位应急技能训练与职业态度教育，培养学生应急反应能力和决策能力以及敢于担当、勇于负责的品质。

（3）通过城市轨道交通火灾、公共安全及公共卫生突发事件等应急演练的团队协作训练，培养团队意识和集体荣誉感。

📊 **建议学时**

10 学时。

任务1　城市轨道交通火灾应急处理

城市轨道交通是缓解城市交通拥堵的有效工具，有很多优点，但是也存在一些安全问题，特别是发生火灾后，如何救援、如何疏散是城市轨道交通运营企业要面对的重大问题。城市轨道交通人员密集、疏散通道狭窄、救援困难，一旦发生火灾，比普通地面建筑火灾具备更大的危险性。

一、城市轨道交通火灾特征

1. 不确定性强

城市轨道交通点多线长面广，客流量大，发生火灾的时间和地点不确定，火灾隐患点多且多处于视线死角，发生初期极具隐蔽性，不易发觉，一旦被发现，已达到一定的危害范围和程度，造成疏散和救援困难。

2. 火灾扩散蔓延快

受城市轨道交通隧道空间限制，火焰向水平方向延伸，发生火灾后如未及时控制通风设备，炽热气流可以传播很远，遇到易燃物品迅速燃烧，有试验测得最远引燃距离为50倍洞径。在隧道里，热量不易散出，火势猛烈阶段，温度可达1000℃以上，甚至改变气流方向，对逃生人员影响极大。

3. 逃生条件差

城市轨道交通运营环境的特定性，决定了供乘客安全逃生途径的单一性。世界上仅考虑商业运营用途的地铁，一般建在地下15m左右；商业运营用途和战备功能兼顾的地铁，则一般建在深达30~70m的地下，突发火灾事故后，乘客安全逃生非常困难。除安全疏散通道外，既没有供乘客使用的垂直电梯（设计上仅考虑无障碍电梯），也没有紧急避难场所，突发火灾事故后，大量乘客同时涌向狭窄的通道及楼梯，另有检票机等障碍物挡道，严重影响乘客快速逃生。

城市轨道交通火灾是发生在封闭受限制空间的火灾，一般属于不完全燃烧。目前，已知的火灾中有毒烟气的种类或成分有数十种，包括无机类有毒有害气体和有机类有毒有害气体（光气、醛类气体、氰化氢等）。我国有关统计结果表明，吸入烟气致死者占火灾死亡人数的70%~75%，其中大部分是吸入了烟尘及有毒气体昏迷后死亡的。美国有关统计结果表明，大约有2/3的烟气中毒遇害者处于离起火点很远的建筑位置。

针对城市轨道交通火灾事故，日本消防部门曾做过试验，日本地铁的车厢虽被确认具有不易燃烧性，但起火后，快则1.5min，慢则8min之后就会产生对人体有害的气体。2~5min，厢内烟雾弥漫会导致乘客无法看清楚逃生出口，相邻的车厢5~10min也会出现相同情形。试验证明，只有5min左右的时间允许乘客逃生。另外，城市轨道交通突发火灾时，险恶的灾害环境使乘客容易产生恐慌及焦虑心理，自救意识较差的乘客争先恐后涌向出口处时，被踩、挤、压而倒地后，易导致群死群伤。我国消防研究部门联合地铁公司做过测试（图 3-1-1），若乘客在地铁火灾事故中不能在 6min 内迅速有效地逃生，就很难有生还的可能。《地铁安全疏散规范》（GB/T 33668—2017）规定地铁车站安全疏散设计应以从站台层开始，在 6min 内将乘客全部疏散至安全区为原则。

图 3-1-1　我国消防研究部门与地铁公司合作开展地铁火灾试验

4. 灭火救援疏散困难

城市轨道交通出入口少，通道狭窄，疏散距离长，空间密闭，火灾发生后，隧道内烟雾大且扩散速度大于逃生速度，人员密集，能见度低，易造成混乱，发生挤伤和踩踏事件；火灾造成的浓烟、毒气、高温、缺氧、停电、视线不清、通信中断使指挥和疏散非常困难；大型的消防及救援设备无法进入现场，灭火和救援难以进行。

自 1863 年第一条地铁诞生以来，世界范围内发生过多起群死群伤的城市轨道交通火灾事故（表 3-1-1）。火灾事故被公认为威胁城市轨道交通安全的头号隐患。

世界各地城市轨道交通火灾事故案例　　　　　　　　　　表 3-1-1

时间	地点	起火原因	伤亡损失
1991 年 4 月 16 日	瑞士苏黎世	机车电线短路，停车后与另一地铁列车相撞起火	58 人重伤
1995 年 4 月 28 日	韩国大邱	施工煤气泄漏发生爆炸	103 人死亡，230 人受伤
1995 年 10 月 28 日	阿塞拜疆巴库	机车电路老化短路	558 人死亡，269 人受伤
1996 年 6 月 11 日	俄罗斯莫斯科	列车在行进途中突然发生爆炸	4 人死亡，7 人受伤
2000 年 11 月 11 日	奥地利	电暖空调过热，使保护装置失灵	155 人死亡，18 人受伤
2003 年 2 月 18 日	韩国大邱	精神病患者纵火	198 人死亡，146 人受伤，289 人失踪
2004 年 2 月 6 日	俄罗斯莫斯科	上班高峰发生爆炸	40 人死亡，120 人受伤

> **知识拓展**
>
> ### 城市轨道交通火灾安全与应急相关法律法规
>
> 为了预防火灾和减少火灾危害，加强应急救援工作，保护人身、财产安全，维护公共安全，我国制定了《中华人民共和国消防法》，城市轨道交通运营企业严格贯彻《中华人民共和国消防法》的"预防为主，防消结合"的方针，明确"谁主管，谁负责；谁使用，谁负责"的逐级消防和火灾应急救援的安全责任制原则。
>
> 在城市轨道交通规划建设中需遵循《地铁设计防火标准》（GB 51298—2018）等相关设计和建设标准。
>
> 在运营期间需遵循《城市轨道交通消防安全管理》（GB/T 40484—2021）、《城市轨道交通运营技术规范》（GB/T 38707—2020）等规范中对城市轨道交通火灾应急处理和设备运行工况的要求。
>
> 针对城市轨道交通车站发生站台列车火灾、站台公共区火灾和站厅公共区火灾等突发事件应急疏散，运营企业可依据《地铁安全疏散规范》（GB/T 33668—2017）的要求，根据车站客流、平面布置条件，制订相应的预案和疏散方案。

二、城市轨道交通车站火灾应急处置原则

城市轨道交通车站火灾具有致灾因素多、损失大、处置难、影响大等显著特点。为提高城市轨道交通火灾应急处理能力，各城市轨道交通运营企业应遵循以下原则。

（1）统一指挥。当城市轨道交通车站发生火灾时，必须遵循统一指挥的原则。一旦存在多头指挥，就易造成应急处置混乱、岗位人员难以迅速进行应急响应的状况。因此，在实际运营中车站发生火灾时会有一名现场指挥人员，负责现场指令的下达工作。

（2）以人为本，抢救优先。在以人为本的原则下，安全、及时疏散人员是城市轨道交通车站发生火灾时一切处置措施的根本出发点。依据这一出发点，最大限度地减少人员伤亡。

（3）协同配合，减少危害。城市轨道交通车站发生火灾时的应急处置不仅涉及车站内的不同岗位，还需要公安、消防等单位的配合，做好不同单位之间的协同配合，才能更好、更快地对火灾进行处置，从而最大限度地减少危害。

三、城市轨道交通车站火灾应急处置响应级别

根据城市轨道交通车站火灾的特点，各城市轨道交通运营企业建立健全了车站火灾事故应急处置组织机构和分级响应机制，明确了各成员单位的分工和职责，确定了不同等级火灾事故应急救援的启动程序和响应措施。

1. 一级处置

仅局限于火情能直观确认在小范围内，周边无可燃物品，可判定火势无法蔓延，现场烟雾较小，能立即扑灭的火灾。一级处置应立即疏散事发区域周边乘客，直接对火势进行扑救，向车控室运行控制中心（OCC）报告，根据情况启动站台火灾排烟模式，无须启动

车站紧急疏散程序，不影响行车组织，不需向外单位执行信息通报程序。

2. 二级处置

现场火势猛烈或燃烧产生的烟雾较大（含燃烧部位不明确，无法现场判断），对乘客造成影响；火情引发乘客恐慌，并自行疏散时启动二级处置。二级处置应立即疏散事发区域周边乘客，并组织人员对火势实施扑救，开启站台火灾排烟模式，并启动车站紧急疏散程序，车站临时关闭，乘客疏散完毕后，根据现场情况（火情能否控制）执行员工疏散程序，如确认火灾已扑灭，可不执行员工疏散程序。如火势无法控制，立即下达员工疏散命令。列车不停站通过事发车站，执行相应信息通报程序。根据公安部门或抢险救援领导小组指令恢复车站运营。

3. 三级处置

发生纵火或爆炸等袭击事件、火灾已蔓延至轨行区或相邻防火分区即可认定启动三级处置。三级处置应立即启动车站紧急疏散程序，启动站台火灾排烟模式，并对事故现场实施控制（阻止火势蔓延），避免事态恶化，事发车站临时关闭，乘客疏散完毕后，立即执行员工疏散程序，事发车站所在区间停运，组织小交路运行，执行相应信息通报程序。根据公安部门或抢险救援领导小组指令恢复车站运营。

执行二、三级处置时，车站应立即执行车站紧急疏散程序，启动站台火灾排烟模式；车站和OCC均应立即致电110报警中心和120急救中心，并通知驻站公安；其他驻站人员应协助车站对设备区人员的疏散工作，以及设备保障工作；各生产调度员通知维修人员和救援队出动，相邻车站听从调度员安排赶往增援。

四、城市轨道交通车站火灾应急处置主要措施

1. 行车组织

城市轨道交通车站发生火灾时，车站及时将火灾影响情况向线路控制中心汇报，行车值班员及时与行车调度员联系，由线路控制中心进行行车调整。根据现场情况，一般会采取以下调整措施：当火势未影响行车安全时，列车在车站办理通过作业，此时车站做好广播解释工作；当火势影响行车安全时，站台关闭，列车在车站跳停；但当火灾车站已不具备列车安全通过的条件时，就需要通过改变列车运行交路的方式避开事发车站运行。

车站是应急处置的第一线，其行车组织的应急处置调整不仅关系到本站，还可能影响邻站、本线、邻线，甚至整个路网。因此，在进行调整时需要从路网层面统筹操作，做好信息的上传下达工作。这也是车站应急处置工作的重要部分。只有车站及时、准确地将现场处置情况向上级部门反馈，并且及时执行上级指令，才能让应急处置的效果更理想。

2. 客运组织

客运组织调整主要涉及客运服务设备、环控设备、消防设备、岗位人员等方面的调整。例如，关闭AFC，令进出站闸机转换为常开通道以进行人员疏散；相关环控设备如风机、防火阀等动作；相关消防设备如水喷淋系统响应；人员布岗从工作状态转换为应急疏散布岗模式。

1）岗位人员处置

值班站长根据上级指令启动车站火灾预案，并在现场进行指挥，适时调整人员岗位，保证应急处置效率；车站值班人员负责与公安、消防及上级部门联系，并做好站内各岗位的信息传递、广播及实时监控工作；机动人员携带应急物品发放给各岗位人员，并根据值班站长指令进行应急处置；客服中心服务人员保管好票款，开启专用通道，引导人员疏散；站台岗做好站台监控和接发车工作，并做好乘客引导工作；安检员停止安检，在出入口做好乘客只出不进的引导工作；保洁在客流集中点协助工作人员做好乘客的引导工作。

2）设施设备响应

车站消防设施设备响应：FAS 开始报警，启动相关消防系统灭火。

车站环控设施设备响应：防火阀、风阀、风机动作，排烟并防止火势蔓延。

车站 AFC 响应：进出站闸机常开，自动售票机停止售票。

车站客运服务设施响应：切断三类负荷（包括一般照明、广告照明、无障碍电梯等）电源。

正常状态下上述四种设施设备响应可以自动完成，若自动响应失灵，则由车站值班人员人工调整相关设备状态。

五、城市轨道交通车站火灾应急处置程序

1. 车站公共区火灾应急处置程序

1）值班站长/站长

组织车站相关人员确认火情，下达命令指挥初起火灾扑救、人员疏散、乘客救助，阻止无关人员进入、做好外部救援力量接应安排，保持与各方的联系；确认火灾后，通知各岗位按照车站公共区火灾应急处置方案开展处置，本人准备备品（防烟面具、灭火器等）到现场处置。

二维码

列车火灾
紧急处理

根据现场情况通知行车值班员向行车调度员申请越站或关站；组织乘客向未受火灾影响的区域疏散，确认乘客全部疏散后报告车控室。

消防人员到场后，将灭火工作交给消防人员，命令灭火员工疏散到安全区，确认乘客疏散完毕。与消防人员确认完全灭火，待公安民警取证完毕后，组织员工清理现场，准备恢复运营。

2）行车值班员

收到火警信息后，第一时间报告环控调度员并通知值班站长确认，根据值班站长确认的现场情况报送 OCC、119 消防指挥中心、120 急救中心及地铁公安，并报告站长和客运部门主管生产人员；现场确认火灾后，按照值班站长或站长指令，将 FAS 转至自动位并确认各联动设备状态，播放紧急疏散广播，确认闸机处于释放状态，关闭广告灯箱电源；按照值班站长指令向行车调度员申请越站或关站；依据 OCC 指令操作 IBP 键面，或根据火情启动排烟设备或消防联动装置。如遇站台火灾，视情况申请在 IBP 上开启站台门（排烟门）辅助排烟；与 OCC 负责人、站长或值班站长保持联系，按照站长或值班站长意见进行火灾初报及续报。

火灾处理完毕，准备恢复运营服务，向行车调度员报告，做好事件相关记录。

3）客运值班员

发生火灾后，组织车站乘客疏散，确认疏散完毕后报告车控室，参与救助受伤乘客；根据站长或值班站长安排关闭部分出入口；火灾扑灭后在站长或值班站长指挥下清理现场。处置完毕后，检查相关票务设备设施，做好恢复运营准备；根据值班站长通知开启出入口，恢复运营。

4）站台岗

发生火灾，疏散站台层乘客；检查确认站台乘客是否疏散完毕；清理现场，做好恢复运营准备。

5）票务岗

收好票款，关停站厅至站台层扶梯；至站厅组织乘客疏散；检查相关票务设备设施，做好恢复运营准备。

6）保安、保洁及安检人员

保安关停救援出入口扶梯，保洁关停其他出入口扶梯，安检人员关闭安检设备，撤除安检区域隔离栏杆。

保安、保洁及安检人员协助站务人员疏散乘客，拦截乘客进站，做好解释工作，协助清理现场；保洁在出入口张贴告示，保安在救援出入口引导120救护人员。

火灾处理完毕，做好恢复运营准备。

2. 车站设备区非气灭房间火灾应急处置程序

1）值班站长/站长

接火情报告后，组织车站相关人员确认火情，准备备品（防烟面具、灭火器等）到现场处置。确认火情后，通知行车值班员上报火情，通知各岗位按照应急处置方案开展处置，保持与各方的联系。本人指挥初起火灾扑救、组织人员疏散、救助受伤人员、做好外部救援力量接应安排，火势不可控时，关闭起火设备房间防火门，开展疏散及救助工作。根据现场情况通知行车值班员向行车调度员申请越站或关站；组织员工向未受火灾影响的区域疏散，确认员工全部疏散到站厅后报告车控室。

消防人员到火场后，将灭火工作交给消防人员，命令灭火员工疏散到安全区后回到车控室指挥。与消防人员确认完全灭火，待公安民警取证完毕后，组织员工清理现场，准备恢复运营。

2）行车值班员

收到火警信息后，第一时间报告环控调度员并通知值班站长确认，根据值班站长确认的现场情况报送OCC、119消防指挥中心、120急救中心及地铁公安，并报告站长和客运部门主管生产人员；现场确认火灾后，按照值班站长或站长指令，将FAS转至自动位并确认各联动设备状态，播放紧急疏散广播；按照值班站长指令向行车调度员申请越站或关站；依据OCC指令操作IBP键面，或根据火情启动排烟设备或消防联动装置。与OCC负责人、站长或值班站长保持联系，按照站长或值班站长意见进行火灾初报及续报。

火灾处理完毕，准备恢复运营服务，向行车调度员报告，做好事件相关记录。

3）客运值班员

协助值班站长开展人员疏散和伤员救助工作；火灾扑灭后在站长或值班站长指挥下清理现场。处置完毕后，检查相关票务设备设施，做好恢复运营准备；根据值班站长通知开启出入口，恢复运营。

4）保安、保洁

协助站务人员疏散乘客，协助清理现场；保洁在出入口张贴告示，保安在救援出入口引导 119 消防人员或 120 救护人员。

3. 车站设备区气灭房间火灾应急处置程序

1）值班站长/站长

接火情报告后，组织车站相关人员确认火情，准备备品（防烟面具、灭火器等）到现场处置。通过房门玻璃透出场景、房门温度、是否有烟冒出等确认是否着火，如果无法判断则在确认该气灭保护房间门头放气指示灯灭的情况下，做好个人防护并打开房门进行确认（必须保证房门敞开），如确实着火，火势较小时可用灭火器灭火；当火势不可控时，疏散房间内所有人员后关好房门，直接在门外按压手动启动按钮，待自动喷气；若延时结束后，房间未自动喷气，现场人员在房间外或气瓶间内相应控制盘人工启动喷气。

通知行车值班员上报火情，通知各岗位按照应急处置方案开展处置。喷气后，根据环控调度员指令再次到现场确认，若火灾已扑灭则报车控室；若明火蹿出气灭保护房间，则按照车站设备区非气灭房间火灾应急处置方案开展处置。

2）行车值班员

收到火警信息后，第一时间报告环控调度员并通知值班站长确认，根据值班站长确认的现场情况报送 OCC、119 消防指挥中心、120 急救中心及地铁公安，并报告站长和客运部门主管生产人员；与 OCC 负责人、站长或值班站长保持联系，按照站长或值班站长意见进行火灾初报及续报。按 OCC 指令操作 IBP 键面，或根据火情启动排烟设备或消防联动装置。

火灾处理完毕，准备恢复运营服务，向行车调度员报告，做好事件相关记录。

3）客运值班员

协助值班站长开展人员疏散和伤员救助工作；火灾扑灭后在站长或值班站长指挥下清理现场。处置完毕后，检查相关票务设备设施，做好恢复运营准备；根据值班站长通知开启出入口，恢复运营。

4）保安、保洁

协助站务人员疏散乘客，协助清理现场；保洁在出入口张贴告示，保安在救援出入口引导 119 消防人员或 120 救护人员。

4. 列车区间火灾应急处置程序

1）值班站长/站长

若列车维持进站，进站后按"列车站台火灾"进行处置；若列车迫停区间，按照行车调度员命令，派人进入区间引导列车上的乘客朝车站方向疏散、救助受伤人员，同时协助司机进行列车现场火灾处置、做好外部救援力量接应，视情况向 OCC 申请关站。

消防人员到达后，将灭火工作交给消防人员，安排参加灭火员工撤离至车站安全区域。与消防人员确认完全灭火，待公安民警取证完毕后，组织员工清理现场，准备恢复运营。

2）行车值班员

收到火警信息后，立即通知行车调度员、站长或值班站长，根据值班站长确认的现场情况报送 OCC、119 消防指挥中心、120 急救中心及地铁公安，并报告站长和客运部门主管生产人员；与 OCC 负责人、站长或值班站长保持联系，按照站长或值班站长意见进行火灾初报及续报。

火灾处理完毕，准备恢复运营服务，向行车调度员报告，做好事件相关记录。

3）客运值班员

组织车站乘客疏散，确认疏散完毕后报告车控室，参与救助受伤乘客，根据站长或值班站长安排关闭部分出入口；处置完毕后，检查相关票务设备设施，做好恢复运营准备；根据值班站长通知开启出入口，恢复运营。

4）站台岗

列车在区间疏散乘客时，站台门保持关闭，打开站台门端门，疏散乘客；协同检查确认区间乘客是否疏散完毕；清理现场，做好恢复运营准备。

5）票务岗、站厅岗

收好票款，关停站厅至站台层扶梯，组织乘客疏散，随后跟随站长或值班站长一起进入区间协助疏散乘客以及开展其他救援工作。应急处置结束后检查相关票务设备设施，做好恢复运营准备。

6）保安、保洁及安检人员

保安关停救援出入口扶梯，保洁关停其他出入口扶梯，安检人员关闭安检设备，撤除安检区域隔离栏杆。

协助值班站长参与区间乘客疏散和列车现场火灾处置，协助站务人员疏散乘客，拦截乘客进站，做好解释工作，协助清理现场；保洁在出入口张贴告示，保安在救援出入口引导 120 救护人员。

应急处置完毕，做好恢复运营准备。

📖 **案例分析**

韩国大邱市地铁 1 号线火灾事故

1. 事件概况

2003 年 2 月 18 日 9：54，韩国大邱市地铁 1 号线 1079 次列车在中央路车站进站时，一名 56 岁的男性乘客在列车上故意纵火。火势迅速蔓延，损坏相关电路，导致设备车门不能开启，乘客被困在客室内无法逃生。9：57，1080 次列车从反方向进入中央路车站停车后，被相邻线路停靠的火灾列车（1079 次）引燃起火，1080 次列车司机开启车门供乘客逃生，随后，火灾导致车门电路发生故障，车门突然自行关闭，1080 次列车司机拔出列车主控钥匙并逃离现场，致使部分乘客被困在车厢内，此次事故中，1079、1080 次列车在车门处于关闭状态且客室内留有大量乘客的情况下，大火燃烧了 3h，导致巨大人员伤亡和财产损失。

纵火人因患有精神疾病以"纵火致死罪"被从轻判处无期徒刑；1080 次列车司机以"业务过失致死伤罪"被判处 5 年有期徒刑；1079 次列车调度员以"业务过失致死伤罪"被判处 4 年有期徒刑。

2. 事件原因分析

（1）两名列车司机在火灾发生后，没有采取灭火措施和疏散乘客，自己逃离现场，1080 次列车司机在逃离火灾现场时拔走了列车的主控钥匙，致使列车完全失电车门全部关闭，导致大量乘客窒息死亡。

（2）控制中心调度员、车站工作人员没有及时观察电视监控画面，火势蔓延后未对 1080 次列车司机及时下达停车指令，致使列车在发生火灾事故的情况下继续进站，造成了更严重的人员伤亡。

（3）于 1997 年投入使用的大邱地铁，车站的自动报警装置、自动淋灭装置、紧急照明装置等设备都存在安全隐患，列车上的车厢座椅、地板等都未采用阻燃材料，一旦遇燃就会产生大量浓烟且具有一定毒性，会导致人员窒息、中毒。

3. 案例评析

韩国每年都举行"民防训练"，组织市民学习火灾、爆炸、交通事故等紧急情况下的安全逃生知识，但这些"民防训练"大多流于形式，没有起到真正的教育效果，导致紧急情况下不能有效逃生。

❓ 学习与思考

如果你是车站值班站长，车站发生火灾，你进行应急处置的思路是什么？

技能工作页 车站站台（厅）火灾应急演练

一、岗位分组

本次任务为车站站台（厅）火灾应急演练，可以采用桌面演练（如有条件可以采用虚拟仿真形式）等不同形式，各组采用班组轮值制度，学生按照预案分配角色，轮流扮演值班站长、行车值班员、客运值班员、站务员等角色，每个组员都有锻炼组织协调、班组管理、考核评价、总结汇报等能力的机会。通过小组协作，培养学生团结合作、互帮互助精神和协同攻关能力。

各组根据角色分配填写表 3-1-2。

任务分组表 表 3-1-2

组号		组名（车站名）	
组训			
团队成员	学号	角色指派	岗位职责
		值班站长	组织桌面演练；按照预案岗位要求演练
		行车值班员	按照预案岗位要求演练；完成各项考核任务
		客运值班员	协助值班站长组织桌面演练；按照预案岗位要求演练
		站务员 1	按照预案岗位要求演练
		站务员 2	按照预案岗位要求演练
		……	……

二、文件依据

请各组同学依据表 3-1-3，组织开展应急演练方面的法规和标准规范等文件的学习，掌握应急演练相关文件要求。

相关法律法规文件依据 表 3-1-3

文件名称	文号/标准号	任务相关文件内容学习
《中华人民共和国消防法》	中华人民共和国主席令第二十九号	消防组织、灭火救援和消防责任等
《地铁设计防火标准》	GB 51298—2018	地铁防火标准和相关要求
《地铁安全疏散规范》	GB/T 33668—2017	针对地铁车站、车辆等场所，在火灾紧急情况下，如何有效疏散以保障乘客及工作人员的生命安全
《××企业火灾专项应急预案》	—	熟悉车站站台、站厅和设备区火灾应急处置措施、信息报告和响应程序等

三、引导问题

（1）请阐述城市轨道交通车站火灾的特点和火灾带来的风险。

（2）工作人员在火灾应急现场应如何做好个人防护？

（3）城市轨道交通车站火灾处置原则是什么？

（4）请简述车站 FAS 自动位和手动位遇火灾报警探测器报警的应对区别。

四、任务布置

1. 任务要求

各小组按照以下具体要求完成任务。

（1）各小组按演练题目编制完整的演练方案。

（2）各小组根据演练方案在平面布局图上开展桌面演练，评估人员全程做好视频记录保存或上传课程平台。

2. 任务内容

实训任务 1：站台不明火灾应急演练

某站站台发生不明火灾，现场火势猛烈，燃烧产生的烟雾较大，燃烧部位不明确，无法现场判断；火情引发乘客恐慌，自行疏散。学生根据以下预设条件分组进行演练：

（1）某车站站台发生火灾，火势较猛，车控室接到火情报告。

（2）车站立即启动环控设备火灾模式，并执行车站紧急疏散程序。

（3）乘客疏散完毕后，员工撤离，到紧急出入口集合。

实训任务 2：站厅人为纵火应急演练

某车站站厅发生人为纵火事件，现场火势猛烈，浓烟已经蔓延至相邻防火分区。学生根据以下预设条件分组进行演练：

（1）某车站站厅发生人为纵火事件，火势较猛，车控室接到 FAS 报警并通过 CCTV 监控站厅火灾情况。

（2）车站立即启动环控设备火灾模式，并执行车站紧急疏散程序，要求灭火人员穿戴消防设备尝试灭火。

（3）乘客疏散完毕后，火势无法控制，值班站长下达员工疏散命令，到紧急出入口集合。

3. 演练记录和评估

演练过程中由客运值班员或其他组观察员拍摄视频，演练结束后由客运值班员和行车值班员填写演练实施记录及评估报告，就演练小组演练过程给出评价。

五、演练实施记录及评估报告

根据演练实施过程，完成表 3-1-4。

演练实施记录及评估报告 表 3-1-4

演练项目：车站站台（厅）火灾应急演练							
班级		演练小组			评估小组		
演练小组分工	组长		组员		组员		组员	
	岗位		岗位		岗位		岗位	
	组长		组员		组员		组员	
	岗位		岗位		岗位		岗位	
演练时间		年　月　日		演练地点			

演练概况：

演练过程记录			
序号	时间	过程描述	存在的问题

评估总结					
项目	评价				意见
小组协同情况	□优秀	□良好	□合格	□不合格	
各岗位表现情况	□优秀	□良好	□合格	□不合格	
演练效果情况	□优秀	□良好	□合格	□不合格	
演练方案编制	□优秀	□良好	□合格	□不合格	

总评价意见：

演练总体评价	□优秀	□良好	□合格	□不合格
演练小组评价及改进建议				

序号	存在的问题	改进措施

技能工作页

六、考核评价

各组介绍任务完成情况并提交相关材料，进行小组自评、组间互评、教师评价，完成考核评价表 3-1-5。

考核评价表

表 3-1-5

序号	评价项目	评价内容	分值	自评（30%）	互评（30%）	教评（40%）	合计
1	职业素养	分工合理，制订计划能力强，严谨认真	5				
		爱岗敬业、安全意识、责任意识、服从意识	5				
		团队合作、交流沟通、互相协作、分享能力	5				
		遵循国家文件要求和行业规范	5				
		主动性强，保质保量完成技能工作页相关任务	5				
		具备有效组织工作的能力	5				
2	专业能力	熟悉城市轨道交通车站消防设备设施	5				
		熟悉车站站台、站厅和设备区火灾应对措施	5				
		能依据不同场景火灾编制车站火灾应急演练方案	10				
		依据演练方案熟练开展桌面演练	20				
		车站火灾应急演练知识融会贯通，达到考核要求	20				
3	创新意识	查阅城市轨道交通车站设计防火标准和建筑物防火标准的要求	5				
		对不同等级火灾的判断和应急处理有一定的理解	5				
合计			100				
评价人			评价时间				

任务2 城市轨道交通公共安全事件应急处理

作为一种现代化的城市轨道交通工具，城市轨道交通在全世界范围内已经得到越来越广泛的应用，成为现代城市文明的标志性建设。由于具有运量大、快速的优势，城市轨道交通极大地减轻了地面交通压力，从而成为各国政府倡导、民众欢迎的交通工具。城市轨道交通所具有的方便、快捷、平稳的优势是举世公认的，但其也有不可避免的缺陷。城市轨道交通建设是一个复杂的系统工程，处于地下封闭的空间，加之城市轨道交通车站和电客车多为人流密集的公众聚集场所，通风和疏散都受到极大的限制，一旦发生恐怖袭击等公共安全事件，会对城市轨道交通系统产生严重影响，甚至是毁灭性的打击。因此，轨道交通运营企业和当地政府部门必须做好充分的应急处理预案并进行演练，以确保轨道交通运营安全。

一、城市轨道交通公共安全事件类型

公共安全事件是指突然发生，造成或者可能造成重大人员伤亡、财产损失、生态环境破坏和严重社会危害，危及公共安全的紧急事件。

常见的城市轨道交通公共安全事件有：车站发现可疑物品；车站发生炸弹、不明气体、不明物体恐吓（袭击）事件；车站、列车发生抢劫、斗殴等严重治安或刑事案件；车站、列车上危险化学品泄漏（含毒气袭击）事件。

二、城市轨道交通公共安全事件特点

1. 发生的突然性

导致公共安全危机出现的突发事件，涉及自然、社会、经济、环境等诸多因素，而且形成复杂，演变迅速。在事前有效的时限内，人们仅可以感知或预测部分非对称信息，不可能完整了解全部因素及其内在关联和相互作用。因此，危机总是不期而至，突然发生。

2. 现实的危害性

公共安全事件是危及地铁运营安全及造成重大社会影响的重要突发事件。乘客在地铁区域闹事、破坏设备、投毒、纵火、挟持人质等，可能会造成地铁无法正常运营、群死群伤等，给民众的生命与财产和地铁运营安全造成重大危害。主要会造成以下方面影响。

（1）行车事故。发生纵火、闹事等公共安全事件后，重要行车设备受损，列车运行安全受到严重影响，可能致使车站关闭、（部分）运营中断，造成行车事故。

（2）人员伤亡。发生暴力、群体打斗、投毒等公共安全事件后，可能直接导致人员踩踏、人员中毒，还可能造成群死群伤。

（3）社会影响。地铁与城市居民生活息息相关，若发生公共安全事件，将造成恶劣的社会影响。

3. 危害的扩散性

在经济社会高度发达的信息化环境中，车站公共安全危机发生后，其会随着突发事件在社会上的连锁反应以及信息传播，从两个方面扩散其现实危害，一方面是区域扩散，由危机发生地向其他地区辐射蔓延；另一方面是形式扩散，由最初的单一灾害、事故或破坏事件衍生新的危害形式，如车站危险物危机可能衍生出对城市轨道交通系统的信任危机，高度密集人群可能演变成大规模的群死群伤事件，等等，这被称为复杂系统的"漪涟效应"。

> **⚠ 引以为戒**
>
> ### 部分城市轨道交通公共安全事件案例
>
> 2014年3月4日上午，某市地铁5号线的列车车尾有两名少年玩弄防狼喷剂，喷出具有刺激性气味的气体引发恐慌，以致车上乘客涌向车头引发踩踏，多人受伤。
>
> 2015年4月20日上午，某市地铁5号线一名女乘客在站台上因低血糖晕倒，引起乘客恐慌情绪，部分乘客奔逃踩踏，引发现场混乱，12名乘客受伤被送往医院。整个事件持续时间约40s，事发时正值上班高峰期，站台内挤满了人。晕倒女子周围的乘客因看到有人晕倒往后退让出救援空间，从而产生"波浪"效应，其他乘客也开始往后退，随后演变成有人开始跑，并且有人开始惊叫，导致远处乘客开始恐慌，慌乱中拥挤奔逃，随后引发了踩踏事件。
>
> 2023年4月28日8：30，某市地铁10号线一车厢内，两名乘客因手机外放音量较大发生口角，其中一名乘客殴打他人，民警接报后及时到场处置，殴打人员被公安机关依法行政拘留。

> **❓ 学习与思考**
>
> 引发地铁恐慌事件的因素有哪些？如何避免这种情况的发生？

三、车站发现可疑物品应急处理

城市轨道交通中人流拥挤，部分乘客携带过多行李，在乘车时很容易将行李遗失在车站中。在遗失物中，不乏手机、银行卡、手拎包、钱包等贵重物品，但是，还有部分遗失物难以分清物品种类，甚至属于危险物品。因此，为提高城市轨道交通服务质量，保护乘客和工作人员安全，站务人员应当提高警惕，学会处理此类物品的一般方法。

1. 车站安全检查及相关处置

随着国家对城市轨道交通公共安全防范和应急处置的标准不断提高，全国地铁都实施进站安检的措施，各地方政府也相继出台运营安全条例等相应文件，要求进入轨道交通车站的乘车人员接受并配合安全检查。

（1）车站应对乘客进行安全检查，要求乘客解释物品的种类、性质等，必要时请其打开展示。

（2）乘客拒绝解释或打开展示其携带物品进站乘车时，劝其出站，不听劝阻者，不得放其进站乘车，立即报公安处理。

（3）司机发现乘客可能携带危险品时，立即将相关信息（乘客特征、位置、危险品性质）报行车调度员和车站，密切监视该乘客动向，等待前方车站人员到场处理，车站人员接到通知后组织民警和保安到场引导乘客下车进行后续处理。

（4）非车站的地铁工作人员（保洁、物业商铺人员等）发现乘客携带危险品进站乘车，应立即通知车站。

（5）车站工作人员发现乘客携带高危危险品（易燃品、易爆品、高危腐蚀品、有毒气体等）进站乘车时，应立即移交公安和保安处理，如乘客强烈要求携带危险品离开，车站人员应把乘客离去线路报告公安。若发现乘客携带普通危险品（油漆、机油、弱酸和弱碱溶液等），应向乘客解释有关规定，劝阻乘客，请乘客携带危险品离站，不得在站内弃置危险品。对于不接受车站解释并强行进站乘车的乘客，车站立即请求驻站民警和保安予以支援，阻止其进站；同时将情况报告地铁公安，拖延至公安到场处理。

（6）乘客携带危险品强行进站乘车，并已经登上列车的，车站需立即扣车（或通知司机不要关闭车门），报告地铁公安和行车调度员，安排人员将当事人请下列车。待当事人携带危险品下车后，车站方可取消扣车，并将当事人移交公安处理。

2. 可疑物品判定方法

一般地，下列物品被视为可疑物品：

（1）无人认领的且无法从表面确认具体品名的物品。

（2）呈块状、粉末状、膏状的不明性质物品。

（3）有刺激性气味、有特殊异味、泄漏出气体的物品。

（4）与钟表、定时器、手机等电子设备有导线连接的不明物品。

（5）其他不确定的物品。

3. 可疑物品简要辨别方法

（1）观察有危险标识或通过常识判断有危险的（如有"三品"标识的物品，即易燃品、易爆品、化学危险品）。

（2）通过听觉，发现有异常响声的（如计时器响声）。

（3）通过嗅觉，发现有异常气味的（如刺激性气味）。

4. 发现乘客携带（可能为）危险品的处理方法

（1）若在车站发现可疑物品，处理方法如下：

①报告。现场人员立即报告行车值班员，行车值班员通知值班站长现场查看，行车值班员根据值班站长的判断决定是否报地铁公安。

②隔离。现场人员隔离相关区域，疏散围观乘客，车站值班站长组织人员寻找其他可疑物品。

③疏散准备。做好乘客疏散和员工撤离车站的准备，派人引导警察到现场处理，视情况执行车站疏散程序。

④移交警察处理。车站值班站长向现场警察汇报有关情况，协助其工作。

⑤清理现场。待警察处理完毕后，协助调查和清理现场，尽快恢复正常运营，如图 3-2-1 所示。

（2）若在列车上发现可疑物品，处理方法如下：

①疏散。值班站长接报后组织人员疏散列车和该站台的乘客，封锁列车停靠的站台。

②客流控制。采取车站客流控制措施，做好乘客安抚广播。

③疏散准备。做好乘客疏散和员工撤离车站的准备，引导警察到现场处理，视情况执行车站疏散程序。

④移交警察处理。值班站长向现场警察汇报有关情况，协助其工作。

图 3-2-1　地铁可疑物品处理

⑤清理现场。待警察处理完毕后，协助调查和清理现场，尽快恢复正常运营。

5. 发现可疑物品的应急处理流程

发现可疑物品后迅速判断并上报，配合公安部门做好处置工作，应急处理流程见表 3-2-1。

发现可疑物品的应急处理流程　　　　表 3-2-1

程序	行车值班员	值班站长	客运值班员	站务员	
				票务	站台
信息接报	（1）接发现人员报告后，报值班站长				
前期处置	（3）做好失物广播	（2）启动本方案，立即至现场了解情况	（3）至现场协助值班站长处理		
现场处置	（5）根据值班站长命令报OCC、驻站民警，并通过CCTV监视现场情况	（4）当判断为可疑物品时，安排行车值班员做好信息汇报，隔离可疑物品，做好安全防护，疏散围观乘客。视情况，封闭局部车站，做好乘客引导	（5）协助值班站长，使用警戒绳设置隔离区，疏散围观乘客		
	（7）做好与OCC、车站各岗位、民警之间的信息传递，及时将民警处理情况向OCC汇报	（6）驻站民警到达后，与驻站民警做好交接，配合做好车站安全防护	（7）配合做好车站安全防护		

程序	行车值班员	值班站长	客运值班员	站务员	
				票务	站台
现场处置	（9）根据值班站长命令向OCC申请关站；接到OCC同意关站命令后报值班站长	（8）根据民警关站要求，通知行车值班员向OCC申请关站	（9）做好关站准备		
	（11）播放关站广播	（10）根据OCC关站命令，通知各岗位关站	（11）执行关站程序		
应急终止	（13）向OCC汇报应急解除	（12）接民警应急解除通知后，通知各岗位终止本方案，做好开站准备	（13）清理现场，撤除防护		
	（15）向OCC申请开站	（14）开站准备工作完成后，通知行车值班员			
		（16）根据OCC开站命令，开放出入口，恢复运营	（17）开启车站各出入口		

注：表中序号表示处理顺序，序号相同表示同时处理。

四、炸弹、不明气体、不明物体恐吓（袭击）事件应急处理

城市轨道交通车站内时常会遇到无主物品，一般为乘客大意遗留或有意丢弃，但也有可能是犯罪分子有意放置的危险物品。对于车站、列车范围内的不明物品，城市轨道交通工作人员应随时保持敏感性，严格执行可疑物品处理预案，不可麻痹大意，延误处理时机，而对乘客造成人身、财产伤害。

1. 物体恐吓（袭击）事件应急处理办法

当城市轨道交通工作人员接到电话、书面或电子邮件等各种形式的恐吓信息时，应按下列应急预案开展工作。

接获恐吓信息后，城市轨道交通员工应立即向其上级领导报告。运行控制中心应立即向公安部门报告该恐吓事件，并通知受影响车站的值班站长、行车线上的列车司机及各级紧急救援抢险部门。由公安部门确定恐吓信息的真实性，在车站进行不公开或公开的搜索行动。

二维码

车站接到炸弹恐吓电话处理演练

1）不公开搜索

不公开搜索无须疏散乘客，由城市轨道交通员工与公安人员联合行动。具体程序如下：

①值班站长安排停止所有清洁工作，依次搜索所有公众范围及所有非公众范围，及时将最新进展通报值班主任。

②公安人员前往有关车站，参与搜救行动，与值班站长保持密切联系，了解搜索工作的最新进展。

③若发现可疑物品或有毒气体，值班站长应立即封锁现场，决定局部或完全疏散乘客，并立即通知值班主任。进行疏散前，必须先搜索所有疏散线路，确保疏散乘客的安全。员工发现可疑物品后，应立即向上级报告该物品的形态及准确位置，切勿触摸该物品，并留意周围形迹可疑的乘客。且不得在可疑物品50m范围内使用手机、无线电对讲机等通信设备，设置警戒区域封锁物品四周，疏散周围乘客。

④若未发现可疑物品或有毒气体，值班站长应报告公安人员负责人，请示是否进行二次搜索。公安人员负责人向所有搜索人员了解搜索情况，将搜索结果上报上级公安部门。

2）公开搜索

若公安部门已掌握相关信息，或确实已发现可疑物品，需在车站进行公开搜索。搜索前需局部或完全疏散乘客，并由公安人员单独开展搜索行动。车站员工停留在安全的范围内，为搜索人员提供协助。

2. 搜索可疑物品时必须采取的预防措施

（1）在搜索过程中，应只凭肉眼观察，切勿移动、摇动或干扰任何物品，留意是否有定时器或时钟运行的声音。

（2）停止一切无线电的发送与接收，不得使用手机、无线电对讲机等通信设备。

（3）切勿开关任何电灯及电气设备。

（4）认真观察清楚后再打开门、窗、抽屉，不可随意接触任何物品。

知识拓展

危险货物标志

我国相关标准中规定的常见危险货物标志见表3-2-2。

常见危险货物标志　　表3-2-2

标志号	标志名称	标志图形	说明	标志号	标志名称	标志图形	说明
标志1	爆炸品		符号颜色：黑色；底色：橙红色	标志4	易燃气体		符号颜色：黑色或白色；底色：正红色
标志2	爆炸品		符号颜色：黑色；底色：橙红色	标志5	不燃气体		符号颜色：黑色或白色；底色：绿色
标志3	爆炸品		符号颜色：黑色；底色：橙红色	标志6	有毒气体		符号颜色：黑色；底色：白色

任务内容

续上表

标志号	标志名称	标志图形	说明	标志号	标志名称	标志图形	说明
标志7	易燃液体		符号颜色：黑色或白色；底色：正红色	标志13	剧毒品		符号颜色：黑色；底色：白色
标志8	易燃固体		符号颜色：黑色；底色：白底红条	标志14	有毒品		符号颜色：黑色；底色：白色
标志9	自燃物品		符号颜色：黑色；底色：上白下红	标志15	有害品（远离食品）		符号颜色：黑色；底色：白色
标志10	遇湿易燃物品		符号颜色：黑色或白色；底色：蓝色	标志16	感染性物品		符号颜色：黑色；底色：白色
标志11	氧化剂		符号颜色：黑色；底色：柠檬黄色	标志17	腐蚀品		符号颜色：上黑下白；底色：上白黑下
标志12	有机过氧化物		符号颜色：黑色；底色：柠檬黄色	标志18	杂类		符号颜色：黑色；底色：白色

五、车站、列车发生抢劫、斗殴等严重治安或刑事案件时应急处理

目前，城市轨道交通客流较大，乘客间容易产生碰撞和摩擦，发生斗殴事件，严重时，甚至演变为刑事案件；部分犯罪嫌疑分子企图在城市轨道交通中抢劫乘客财物，这些行为严重破坏公共交通的良好秩序。站务员应当及时发现问题，及时制止，避免事态

扩大。

1. 应急处理原则

（1）立即报"110"，通知驻站警察。

（2）警察需调用车站录像资料时，积极配合，立即协助其按分公司有关规定办理手续。

（3）如有人员受伤，立即拨打120急救电话，如乘客受伤，可自行组织送往医院，但原则上不垫付医疗费用。

（4）车站票、款被劫时，需通知票务室。

（5）隔离现场物证区域。

（6）若发生在车站：

①发生抢劫事件时，在保证自身安全的前提下，组织堵截作案人员，疏散围观人员。如作案人员已逃逸，积极寻找证人，协助当事人报案。

②发生斗殴事件时，如事件涉及人数较多或参与斗殴者持有刀具、枪械、爆炸物等，立即执行车站疏散程序，列车不停站通过。

（7）若发生在列车上：

①司机得知事件信息后，立即通知乘客远离事发车厢。

②车站得知事件信息后，立即通知驻站警察，组织保安到站台值守。

③列车到站后，如发现人群骚动、情况异常，立即查明原因。

2. 应急处理程序

1）发生在车站（含站停列车）的治安事件应急处理程序

①行车值班员。

事件报告：接报/发现抢劫、斗殴事件时，立即拨打110报警电话，通知驻站警察。如有人员受伤，立即拨打120急救电话；报值班站长，视情况通知车站各岗位人员。发生群体或持械斗殴及其他有人员受伤的治安或刑事案件时，立即报行车调度员；车站票、款被劫时，报行车调度员、票务室；接到本站已动车的列车内发生斗殴事件报告时，立即向行车调度员报告，并通知前方站。

车站广播：执行车站疏散程序时，立即使用车站广播通知乘客疏散，远离事发区域。

获取现场录像资料：调整视频监控系统（CCTV）、安防系统监控头位置，尽可能获取现场录像资料。

②值班站长。

现场应急处理：发生抢劫事件时，在保证自身安全的前提下，应组织堵截作案人员，疏散围观人员。如作案人员已逃逸，积极寻找证人，协助当事人报案。发生斗殴事件时，如事件涉及人数较多或参与斗殴者持有刀具、枪械、爆炸物等，立即执行车站疏散程序。通知车站各岗位人员注意自身安全；通知票务岗注意保管票、款；确认是否有乘客受伤，如有则将其转移至安全地点，等待120急救人员或组织自行送往医院。

后续工作：警察到场后，配合相关工作，遇超出本职权限事宜时，立即报告；警察需调用车站录像资料时，积极配合，立即协助其按分公司有关规定办理手续；组织隔离物证区域；配合120急救人员工作；车站票、款被劫时，组织客运值班员与票务室清点损失并做好记录。

③行车调度员。

事件报告：接到报告后，立即向值班主任报告。

列车调整：确认车站现场混乱时，立即组织后续列车不停站通过，并通知前方车站做好解释工作。如发生在站停列车上，立即扣停后续列车。

④值班主任。

启动预案：宣布启动应急处理预案。

信息通报：发生斗殴事件或有人员受伤时，立即向分公司领导进行电话口头汇报，发布事件信息；检查行车调度员应急措施执行情况。

获取现场信息：立即使用CCTV、安防系统获取现场图像。

⑤司机。接到行车调度员不停站通过命令时，做好乘客广播通知工作；进站时，如发现站台秩序混乱，立即转换驾驶不停站通过，并向行车调度员报告，做好乘客广播通知工作；站停列车发生斗殴事件时，凭车站显示的"好了"信号动车。

⑥票务管理部门。车站票、款被劫时，立即安排人员清查。

2）发生在区间列车上的治安事件应急处理程序

①司机。

事件报告：接到乘客报告后，立即向行车调度员报告。

应急处理：发生斗殴事件时，用广播通知乘客远离事发车厢；维持列车到站。

②行车调度员。

事件报告：接到报告后，立即向值班主任报告。

应急处理：立即通知前方车站组织人员视情况处理，并通知驻站警察，组织增援保安到站台值守。

列车调整：根据车站处理情况，调整后续列车运行。

③值班主任。

报警：立即拨打110报警电话。

启动预案：宣布启动应急处理预案。

信息通报：发生斗殴事件或有人员受伤时，立即向分公司领导进行电话口头汇报，发布事件信息；检查行车调度员应急措施执行情况。

获取现场信息：立即使用CCTV、安防系统获取现场图像。

④行车值班员。

事件报告：接到行车调度员通知后，立即向值班站长报告；接到行车调度员通知后，立即安排人员通知驻站警察，用电台通知站台岗；如有人员受伤，立即拨打120急救电话；车站票、款被劫时，报行车调度员、票务室。

车站广播：执行车站疏散程序时，立即使用车站广播通知乘客疏散，远离事发区域。

获取现场录像资料：调整 CCTV 和安防系统监控头位置，尽可能获取现场录像资料。

⑤值班站长。

现场应急处理：接到行车调度员通知时，立即组织增援保安到站台处理，须提前执行车站疏散程序；发生抢劫事件时，在保证自身安全的前提下，应组织堵截作案人员，疏散围观人员。如作案人员已逃逸，积极寻找证人，协助当事人报案。发生斗殴事件时，如事件涉及人数较多或参与斗殴者持有刀具、枪械、爆炸物等，立即执行车站疏散程序。通知车站各岗位人员注意自身安全；通知票务岗注意保管票、款；视处理情况，向司机发"好了"信号；确认是否有乘客受伤，如有则将其转移至安全地点，等待 120 急救人员或组织自行送往医院。

后续工作：警察到场后，配合相关工作，遇超出本职权限事宜时，立即报告；警察需调用车站录像资料时，积极配合，立即向部门请示；组织隔离物证区域；配合 120 急救人员工作；车站票、款被劫时，组织客运值班员与票务室清点损失并做好记录。

六、车站、列车上危险化学品泄漏（含毒气袭击）应急处理

1. 危险化学品的定义

危险化学品是指爆炸品、压缩气体和液化气体、易燃液体、易燃固体、自燃物品和遇湿易燃物品、氧化剂和有机过氧化物、有毒品和腐蚀品等。常见的有天那水、酒精、油漆、汽油、煤油、柴油、丙酮、苯、氯乙烯、液氯、二氧化硫、氟化氢、氰化物、农药杀虫剂等。

2. 危险化学品的处理原则

1）危险品预防

车站需加强对禁止携带"三品"进站乘车的宣传，如发现乘客携带有危险货物标志的物品时，立即阻止其进站乘车，如发现乘客已上车，立即向行车调度员和前方站报告。

2）确认泄漏源

发现乘客携带的液体或气体泄漏时，可能情况下尽快确认携带者，寻找泄漏物的包装物，尽可能确认泄漏物性质。

3）报告

发现炸药等爆炸品时，立即拨打 110 报警电话，通知驻站警察。发生少量泄漏且未出现人员中毒时，向所在市公安局公交分局报告，通知驻站警察。发生人员中毒、危险化学品大量泄漏时，立即向 110 报警中心、120 急救中心、所在市安监局、所在市交通运输指挥中心报告，通知驻站警察。

4）车站环控、隧道通风、列车空调运行模式和机电设备运行状态选择

①车站发生不明原因的人员中毒或怀疑为毒气（化学毒剂）袭击时，立即停止该车站的大系统及隧道通风系统运行，同时停止相邻两个车站的隧道通风系统运行。

②列车上发生不明原因的人员中毒或怀疑为毒气（化学毒剂）袭击时，到站后，停止该车站的大系统及隧道通风系统运行，司机立即关闭列车空调，乘客疏散完毕后，立即关

闭车门。在没有证实气体的性质之前不能随便向外界排风。

③发生液体或气体泄漏，能确认泄漏性质时，视泄漏量、发生地点、物质性质等具体情况选择车站环控、隧道通风、列车空调运行模式和机电设备运行状态。如易燃液体、气体大量泄漏，保持机电设备运行状态，防止意外火花引起爆炸。

5）人员中毒判断

发现危险化学品泄漏［发现泄漏物（含其包装物）或现场能闻到强烈的刺激性气味或其他特殊气味］时，群体性人员感到呼吸道、眼睛、皮肤等不适（窒息、灼烧、呕吐、流鼻血、眼睛刺痛、咽喉不适、呼吸困难、咳嗽等），有人出于不明原因昏倒等。

6）处理过程中的安全注意事项

处理易燃液体、气体大量泄漏时，禁止在泄漏点和扩散核心区携带对讲机、手机等电子设备，禁止穿着带有铁钉的鞋和化纤类服装，使用铁器类工具时，注意不要磕碰地面、设备。

7）特殊情况处理

发生火灾、爆炸时，按相应的火灾、爆炸应急处理程序处理。

3. 应急处理措施

（1）发生在车站时的处理要点（表3-2-3）。

车站发生危险化学品泄漏事件处理要点　　表3-2-3

事件描述		处理要点
人员中毒 （含有毒液体、 有毒气体等）		人员安全保障：事发站立即停止服务，组织疏散乘客，通知车站人员（站务人员、驻站维修人员、保安、保洁、商铺人员等）撤离。 撤离人员隔离：怀疑为化学毒剂袭击时，将疏散至站外安全地点的乘客及车站员工进行隔离，设置缓冲区，等待市专业部门处理。 环控模式：参考上述处理原则的"车站环控、隧道通风、列车空调运行模式和机电设备运行状态选择"相关内容。 行车安排：组织列车小交路运行。 可能情况下按常见危险化学品应急处理和控制措施对受到伤害的人员进行急救
液体泄漏 且未发生 人员中毒	少量泄漏	人员安全保障：立即隔离事发区域，确认是否有人员中毒征兆。如没有，开展以下工作。 泄漏物处理： ①地面：立即用沙土吸附泄漏液体，在其周边设置围挡，来不及时，使用干粉灭火器向液面喷洒（注意不能直接喷向液面），控制其扩散流动速度。在确保自身安全情况下，由值班站长组织抓紧清扫，尽快使用容器将泄漏物及其包装物转移至站外安全地点。或由分公司有关人员、驻站警察赶到现场确认后进行处理。 ②电梯：运行至适当位置后，等轿厢门打开后，关停电梯，按发生在地面时方法处理。通知机电人员断开电梯电源。 ③自动扶梯：关停自动扶梯，使用拖布、擦布清理。 ④处理过程中，使用灭火器防护

事件描述		处理要点
液体泄漏且未发生人员中毒	大量泄漏	人员安全保障： ①事发站立即停止服务，组织疏散乘客，通知车站人员（站务人员、驻站维修人员、保安、保洁、商铺人员等）撤离。 ②确认人员有无中毒征兆，如没有，开展以下工作。 泄漏物处理：首先判断泄漏液体性质，在确保自身安全情况下（如为易燃液体，不能在其周围使用对讲机、手机等电子设备；若为酸、碱等强腐蚀物品，需穿防护服），立即用沙土吸附泄漏液体，在其周边设置围挡，来不及时，使用干粉灭火器向液面喷洒（注意不能直接喷向液面），控制其扩散流动速度。后续处理交由市专业部门。 行车安排：组织列车小交路运行
气体泄漏且未发生人员中毒	少量泄漏	人员安全保障：立即隔离事发区域，确认人员有无中毒征兆。如没有，开展以下工作。 泄漏物处理：尽可能关闭其容器阀门，将其移至站外
	大量泄漏	人员安全保障：事发站立即停止服务，组织疏散乘客，通知车站人员（站务人员、驻站维修人员、保安、保洁、商铺人员等）撤离。 泄漏物处理：在人员没有中毒征兆的情况下，尽可能关闭其容器阀门（注意不能携带对讲机、手机等电子设备），移至站外。如不能，可使用消火栓向泄漏区域喷洒水雾或将棉被等淋湿后，覆盖在其容器上。后续处理交由市专业部门。 人员急救：可能情况下按常见危险化学品应急处理和控制措施对受到伤害的人员进行急救。 行车安排：组织列车小交路运行

（2）发生在站停列车上时的处理方法（表3-2-4）。

在站停列车上发生危险化学品泄漏事件处理要点　　　表3-2-4

事件描述		处理要点
人员中毒 （含有毒液体、有毒气体等）		人员安全保障：事发列车立即疏散，事发站立即停止服务，通知司机、车站人员（站务人员、驻站维修人员、保安、保洁、商铺人员等）撤离。 撤离人员隔离：怀疑为化学毒剂袭击时，将疏散至站外安全地点的乘客及车站员工进行隔离，设置缓冲区，等待市专业部门处理。 环控模式：参考上述处理原则的"车站环控、隧道通风、列车空调运行模式和机电设备运行状态选择"相关内容。 人员急救：可能情况下按常见危险化学品应急处理和控制措施对受到伤害的人员进行急救。 行车安排：组织列车小交路运行
液体泄漏且未发生人员中毒	少量泄漏	人员安全保障： ①本列车立即清客。 ②确认人员有无中毒征兆。如没有，开展以下工作。 泄漏物处理：由车站组织立即用沙土吸附泄漏液体，在其周边设置围挡，来不及时，使用干粉灭火器向液面喷洒（注意不能直接喷向液面），控制其扩散流动速度。再根据常见危险化学品应急处理和控制措施，在确保自身安全情况下，视泄漏量、物质特性，由值班站长决定是否扣车处理或运行至就近存车线或回厂处理

任务内容

事件描述		处理要点
液体泄漏且未发生人员中毒	大量泄漏	人员安全保障： ①事发列车立即疏散，事发站立即停止服务，通知司机、车站人员（站务人员、驻站维修人员、保安、保洁、商铺人员等）撤离。 ②确认人员有无中毒征兆。如没有，开展以下工作。 泄漏物处理：首先判断泄漏液体性质，在确保自身安全情况下（如为易燃液体，不能在其周围使用对讲机、手机等电子设备；若为酸、碱等强腐蚀物品，需穿防护服），立即用沙土吸附泄漏液体，在其周边设置围挡，来不及时，使用干粉灭火器向液面喷洒（注意不能直接喷向液面），控制其扩散流动速度，并打开车门，后续处理交由市专业部门。 行车安排：事发列车扣车，组织列车小交路运行
气体泄漏且未发生人员中毒	少量泄漏	人员安全保障：列车清客，确认是否有人员中毒征兆。如没有，开展以下工作。 泄漏物处理：尽可能关闭其容器阀门，将其移至车外。如不能保持车门处于打开状态，待其泄漏完毕后，运行至就近存车线或回厂处理
	大量泄漏	人员安全保障： ①事发列车立即疏散，事发站立即停止服务，组织疏散乘客，通知车站人员（站务人员、驻站维修人员、保安、保洁、商铺人员等）撤离。 ②确认人员有无中毒征兆，如没有，进行如下处理。 泄漏物处理：在人员没有中毒征兆的情况下，尽可能关闭其容器阀门（注意不能携带对讲机、手机等电子设备），将其移至车外。如不能，在车内时，保持车门处于打开状态，可使用消火栓向对应的站台区域喷洒水雾或将棉被等淋湿后，覆盖在其容器上。后续处理交由市专业部门。 人员急救：可能情况下按常见危险化学品应急处理和控制措施对受到伤害的人员进行急救。 行车安排：事发列车扣车，组织列车小交路运行

（3）发生在运行列车上时，维持进站后，后续工作按发生在站停列车上的情况处理。

📖 **案例分析**

治安事件现场处置不当案例

1. 事件概况

2014年10月7日23：02，某市地铁某号线上行司机报有2名男性乘客打架，某站接到通知后，派站台人员立即上车处理。23：05，2名乘客下车，但在站厅继续厮打。为保证车站的运营秩序及其他乘客的人身安全，站务人员打开边门放行其中一名打架乘客，另一乘客随后从边门离开。事后打架事件中一名乘客返回车站索赔并扰乱车站各岗位正常工作的开展。

因车站未能及时报警，打架事件另一当事人被放行离开车站已无法寻找，车站承担了第三方责任，垫付了受伤乘客的医疗费用，且无从追偿。

2. 事件原因分析

车站对于乘客打架事件的处理方式不当。对于已产生伤害的双方当事人，车站未能及时移交公安机关处理，放行当事人，是此次车站承担责任的主要原因。

3. 案例评析

（1）根据《中华人民共和国治安管理处罚法》相关规定，乘客个人行为扰乱正常运营秩序，对车站工作造成不利影响，危及其他乘客人身安全的，车站应劝阻乘客，劝阻无效则应果断上报、移交驻站公安；若车站驻站民警已离开，车站可根据现场情况拨打110报警电话，要求公安民警介入处理，以便创造良好运营环境。

（2）列车车厢内发生治安事件，紧急情况下，车站人员可通过对讲机通知列车安全员进行临时处理；若车厢内突发事件影响行车，车站应及时告知行车调度员，司机按照行车调度员指令行车。

? 学习与思考

车站发现无主行李箱时应该怎么做？

技能工作页 车站公共安全事件应急演练

一、岗位分组

本次任务为车站公共安全事件应急演练，可以采用桌面演练（如有条件可以采用虚拟仿真形式）等不同形式，各组采用班组轮值制度，学生按照预案分配角色，轮流扮演值班站长、行车值班员、客运值班员、站务员等角色，每个组员都有锻炼组织协调、班组管理、考核评价、总结汇报等能力的机会。通过小组协作，培养学生团结合作、互帮互助精神和协同攻关能力。

各组根据角色分配填写表 3-2-5。

任务分组表 表 3-2-5

组号		组名（车站名）	
组训			
团队成员	学号	角色指派	岗位职责
		值班站长	组织桌面演练；按照预案岗位要求演练
		行车值班员	按照预案岗位要求演练；完成各项考核任务
		客运值班员	协助值班站长组织桌面演练；按照预案岗位要求演练
		站务员 1	按照预案岗位要求演练
		站务员 2	按照预案岗位要求演练
		……	……

二、文件依据

请各组同学依据表 3-2-6，组织开展应急演练方面的法规和标准规范等文件的学习，掌握应急演练相关文件要求。

相关法律法规文件依据 表 3-2-6

文件名称	文号/标准号	任务相关文件内容学习
《中华人民共和国治安管理处罚法》	中华人民共和国主席令第三十八号	治安管理处罚程序等
《城市轨道交通公共安全防范系统工程技术规范》	GB 51151—2016	地铁公共安全技术防范
《地铁安全疏散规范》	GB/T 33668—2017	在地铁车站、车厢等场所，发生火灾、危险化学品泄漏等紧急突发事件时，如何有效疏散并保障乘客及工作人员的生命安全

文件名称	文号/标准号	任务相关文件内容学习
《××企业突发治安事件 专项应急预案》	—	熟悉车站治安突发事件的应急处置措施、信息报告和响应程序等
《××企业恐怖袭击专项应急预案》	—	熟悉车站遇到恐怖袭击后的应急处置措施、信息报告和响应程序等

三、引导问题

（1）简述发生公共安全突发事件的信息报告制度。

（2）阐述公共安全突发事件日常防范和应对措施。

（3）列车上发生公共安全事件，应该怎么做？

（4）车站发现可疑物品，应该怎么做？

四、任务布置

1. 任务要求

各小组按照以下具体要求完成任务。

（1）各小组按演练题目编制完整的演练方案。

（2）各小组根据演练方案在平面布局图上开展桌面演练，评估人员全程做好视频记录保存或上传课程平台。

2. 任务内容

实训任务 1：危险化学品事件应急演练

某车站收到恐吓信息称在车站放置了危险化学品（毒气）。学生根据以下预设条件分组进行演练。

（1）车控室接到"毒气"威胁的电话。

（2）行车调度员通知车站，接 110 报警中心警报，要求车站立即进行乘客安全疏散并关闭车站。

（3）确认乘客疏散完毕，关闭车站，车站工作人员在紧急出入口集合。

（4）警察及生化专家到达现场进行处理。

（5）确认危险解除，车站恢复运营。

实训任务 2：乘客打架闹事治安事件应急演练

某车站接报乘客打架闹事治安事件。学生根据以下预设条件分组进行演练。

（1）车控室接报乘客打架闹事。

（2）及时上报运行控制中心、驻站公安（或 110 报警中心）、120 急救中心。

（3）做好客流组织和乘客疏散，采取必要的安保防范和现场控制措施。

（4）挽留目击证人，做好先期处置，公安到达后移交处置并协助封锁现场。

（5）确认危险解除，车站恢复运营。

3. 演练记录和评估

演练过程中由客运值班员或其他组观察员拍摄视频，演练结束后由客运值班员和行车值班员填写演练实施记录及评估报告，就演练小组演练过程给出评价。

五、演练实施记录及评估报告

根据演练实施过程，完成表3-2-7。

演练实施记录及评估报告　　　　　　　　　表 3-2-7

<table>
<tr><td colspan="9">演练项目：车站公共安全事件应急演练</td></tr>
<tr><td colspan="2">班级</td><td></td><td colspan="2">演练小组</td><td></td><td>评估小组</td><td colspan="2"></td></tr>
<tr><td rowspan="4">演练小组
分工</td><td>组长</td><td></td><td>组员</td><td></td><td>组员</td><td></td><td>组员</td><td></td></tr>
<tr><td>岗位</td><td></td><td>岗位</td><td></td><td>岗位</td><td></td><td>岗位</td><td></td></tr>
<tr><td>组长</td><td></td><td>组员</td><td></td><td>组员</td><td></td><td>组员</td><td></td></tr>
<tr><td>岗位</td><td></td><td>岗位</td><td></td><td>岗位</td><td></td><td>岗位</td><td></td></tr>
<tr><td colspan="2">演练时间</td><td colspan="3">年　月　日</td><td>演练地点</td><td colspan="3"></td></tr>
<tr><td colspan="9">演练概况：

</td></tr>
<tr><td colspan="9">演练过程记录</td></tr>
<tr><td>序号</td><td colspan="2">时间</td><td colspan="4">过程描述</td><td colspan="2">存在的问题</td></tr>
<tr><td></td><td colspan="2"></td><td colspan="4"></td><td colspan="2"></td></tr>
<tr><td></td><td colspan="2"></td><td colspan="4"></td><td colspan="2"></td></tr>
<tr><td></td><td colspan="2"></td><td colspan="4"></td><td colspan="2"></td></tr>
<tr><td colspan="9">评估总结</td></tr>
<tr><td colspan="2">项目</td><td colspan="5">评价</td><td colspan="2">意见</td></tr>
<tr><td colspan="2">小组协同情况</td><td>□优秀</td><td>□良好</td><td colspan="2">□合格</td><td>□不合格</td><td colspan="2"></td></tr>
<tr><td colspan="2">各岗位表现情况</td><td>□优秀</td><td>□良好</td><td colspan="2">□合格</td><td>□不合格</td><td colspan="2"></td></tr>
<tr><td colspan="2">演练效果情况</td><td>□优秀</td><td>□良好</td><td colspan="2">□合格</td><td>□不合格</td><td colspan="2"></td></tr>
<tr><td colspan="2">演练方案编制</td><td>□优秀</td><td>□良好</td><td colspan="2">□合格</td><td>□不合格</td><td colspan="2"></td></tr>
<tr><td colspan="9">总评价意见：

</td></tr>
<tr><td colspan="2">演练总体评价</td><td colspan="2">□优秀</td><td colspan="2">□良好</td><td>□合格</td><td colspan="2">□不合格</td></tr>
</table>

续上表

演练小组评价及改进建议		
序号	存在的问题	改进措施

六、考核评价

各组介绍任务完成情况并提交相关材料，进行小组自评、组间互评、教师评价，完成考核评价表3-2-8。

考核评价表　　　　　　　　　　　　　表 3-2-8

序号	评价项目	评价内容	分值	自评（30%）	互评（30%）	教评（40%）	合计
1	职业素养	分工合理，制订计划能力强，严谨认真	5				
		爱岗敬业、安全意识、责任意识、服从意识	5				
		团队合作、交流沟通、互相协作、分享能力	5				
		遵循国家文件要求和行业规范	5				
		主动性强，保质保量完成技能工作页相关任务	5				
		具备有效组织工作的能力	5				
2	专业能力	了解我国治安管理法律法规	5				
		熟悉各类公共安全突发事件应对措施	5				
		能依据不同突发事件编制车站公共安全应急演练方案	10				
		依据演练方案熟练开展桌面演练	20				
		车站公共安全突发事件应急演练知识融会贯通，达到考核要求	20				
3	创新意识	查阅城市轨道交通法律法规涉及公共安全的要求	5				
		查阅《城市轨道交通公共安全防范系统工程技术规范》（GB 51151—2016）等标准规范	5				
合计			100				
评价人			评价时间				

任务3　城市轨道交通突发公共卫生事件应急处理

城市轨道交通车站作为城市交通的重要组成部分，每天都承载着大量的人流。在这样一个人员密集的地方，突发公共卫生事件会给广大乘客健康安全带来威胁，加上城市轨道交通的流动性强，有很大可能将会对整个城市的公共卫生安全带来严重影响。

一、城市轨道交通突发公共卫生事件概述

中华人民共和国国务院 2003 年颁布、2011 年修订的《突发公共卫生事件应急条例》对突发公共卫生事件进行以下定义：突发公共卫生事件是指突然发生，造成或者可能造成社会公众健康严重损害的重大传染病疫情、群体性不明原因疾病、重大食物和职业中毒以及其他严重影响公众健康的事件。

依据《国务院办公厅关于保障城市轨道交通安全运行的意见》《城市轨道交通运营管理办法》等法律法规和规章规范文件的规定，城市轨道交通突发公共卫生事件可分为重大传染病疫情、群体性不明原因疾病、重大食物中毒和职业中毒、其他严重影响公众健康事件四种类型。

> **📖 知识拓展**
>
> 群体性不明原因疾病、重大食物中毒和其他严重影响公众健康事件
>
> 群体性不明原因疾病是指一定时间内，在某个相对集中的区域（如同一个医疗机构、自然村、社区、学校、车站等集体单位）内同时或者相继出现 3 例及以上相同临床表现，经县级及以上医院组织专家会诊，不能诊断或解释病因，有重症病例或死亡病例发生的疾病。群体性不明原因疾病具有临床表现相似性、发病人群聚集性、流行病学关联性、健康损害严重性的特点。这类疾病可能是传染病（包括新发传染病）、中毒或其他未知因素引起的疾病。
>
> 重大食物中毒是指食品污染造成的人数较多或者伤亡较重的中毒事件。
>
> 其他严重影响公众健康事件主要指由自然灾害、意外事故以及生物和化学恐怖事件导致的有毒有害污染，引起公众健康存在潜在危险因素事件的应急管理和处置工作。

二、城市轨道交通突发公共卫生事件特征

流行性传染疫情等突发公共卫生事件的传播扩散对于居民集中式、社区化管理的城市，其打击无疑是巨大的，而城市轨道交通有点多、线长、面广、客流密集、空间封闭的特点，稍有不慎容易成为疫情传播途径，导致大面积、多区域、群体性交叉感染的严重后果。结合城市轨道交通运营单位对于城市轨道交通突发公共卫生事件的处理，总结城市轨

道交通突发公共卫生事件的主要特征。

1. 突发性

突发性是指事件突然、非预期、紧迫发生，事件发生的可能性、时间、地点、方式、程度等都让人始料未及，难以准确把控。城市轨道交通人员流动性强，客流强度高，很多较大规模的突发公共卫生爆发性事件因子和传递链条都出现在公共交通场所，在爆发突发公共卫生事件前，城市轨道交通运营单位对于防范所需的技术手段、设施设备、物资和经费，都不太可能有完全充分的准备，导致无法准确判断事件发展的趋势和变化，也不能有效阻断突发公共卫生事件传播。

2. 公共性

公共性是指在城市轨道交通等特定公共空间地域内诸多主体之间的联系，这种联系在城市轨道交通这一特定范围之内具有普遍性。突发公共卫生事件的基本属性是公共性，即在事件发生区域内的所有人都有可能受到其威胁和损害。如果突发公共卫生事件是传染病暴发，由于引起的原因或传播媒介具有一定普遍性，极易通过城市轨道交通传播到其他范围甚至整个城市。

3. 危害性

危害性是指对人身有损害的内在特征。突发公共卫生事件发生后，可在短时间内造成人群的发病甚至死亡，使公共卫生和医疗体系面临巨大压力，继而可能引发社会恐慌；还可能对经济、交通等产生严重影响，对城市轨道交通整体运营产生一定的冲击，甚至导致停运停产。

4. 紧急性

紧急性是指事件发展速度特别快，如不立即采取行动，将会扩大事态。突发公共卫生事件传播速度极快，波及人数众多，严重威胁社会公众的身心健康，若出现重大传染病疫情突发情况，如果不能迅速采取处置措施，其危害将进一步加剧，波及范围扩大。因此，对于城市轨道交通突发公共卫生事件，必须在尽可能短的时间内果断作出决策，采取针对性的措施，将事件的危害程度降到最低。突发公共卫生事件在城市轨道交通场所出现后，十分紧迫的任务就是同时间赛跑，控制源头，全力以赴阻断传播链条，迅速调查密切接触情况，及时采取有效的处置措施，避免事态的扩大。

5. 流动性

流动性是指事件蔓延和传播的程度。城市轨道交通的人员流动特点加快突发公共卫生事件的蔓延和传播，大、中城市的轨道交通不仅线路多、车站多，路网辐射四面八方，而且速度快，列车间隔时间短，客流流速快，加上没有实行全员实名制，乘客结构复杂，无须身份认证，也不论性别、年龄、职业，只要买票并通过体温检测和安检，就可无阻碍地乘坐。一旦来到站厅，具体乘坐哪个方向、乘坐哪列车辆、进入第几节车厢，都是乘客自主选择，随意性很大。重大疫情下，一旦需要进行医学流行病调查，对疑似患者的追踪极其困难。

6. 持续性

持续性是指事件在一定的时间内维持其过程或状态的特性。突发公共卫生事件一旦暴发，大都会持续一段时间，先后经历潜伏期、暴发期、高潮期、缓解期、消退期。持续性表现为其状态会有一段时间的延续或维持。了解公共卫生事件的这一特点，对于制订城市轨道交通运营公共卫生防护措施有着直接影响，相关运营工作也都围绕该突发公共卫生事件的周期特点不断调整，保障公众健康和运营工作有序开展。

三、城市轨道交通突发公共卫生事件应对原则

1. 预防为主，常备不懈

城市轨道交通运营场所人员密集，流动性极强，一旦出现突发公共卫生事件，可能造成大面积人员传染、伤亡的严重后果。因此，城市轨道交通企业应加强对突发公共卫生事件的防范，落实各项防范措施，做好人员、技术、物资和设备的应急储备工作，对可能发生的城市轨道交通突发公共卫生事件进行提前分析、预警，做到早发现、早报告、早处理，加强突发公共卫生事件相关风险自辨自控与隐患自查自治工作，针对运营各部门职能需求切实开展科普宣教。

2. 统一领导，分级负责

城市轨道交通发生重大疫情等公共卫生突发事件或城市轨道交通企业接到上级有关疫情防控要求后，应急处置工作由企业应急管理领导机构统一指挥和领导，接受市城市轨道交通主管部门和卫生行政部门的指导，运营单位各有关部门共同参与，按照突发公共卫生事件应急预案规定在各自的职责范围内做好应急处置相关工作。

3. 依法规范，措施果断

城市轨道交通企业依据国家卫生行政部门相关工作指引，科学防治，精准施策，使疫情防控手段标准化、制度化和科学化。一旦遇到突发应急事故事件或险情灾情，要根据事件类型、特点、级别等因素启动应急预案，按照"正常运营—降级运营—紧急运营—停运"的梯度逐级抬升，维持最大限度运营服务，要做到快速反应、科学应对、处置果断，尽可能减少人员伤亡和财产损失，控制传染范围，降低影响，减少损失。凡是可能造成大面积人员传染、伤亡的公共卫生突发事件，要坚持"先人后物"原则，优先疏散受威胁人群，防止二次事故造成人员伤亡，尽最大努力隔离传染病源，防止疫情扩散，必要时就近联系疾控中心（疫情防控指挥部）、防疫点、地铁公安等单位。

4. 依靠科学，加强合作

突发公共卫生事件应急工作要充分尊重和依靠科学，城市轨道交通企业不仅要严格遵循公共卫生防疫的相关标准，还应重视防范和处理突发公共卫生事件的相关技术研究和应用，为突发公共卫生事件应急处理提供科技保障。运营单位和卫生防疫部门要通力合作、资源共享，有效应对突发公共卫生事件，把保障人民群众、城市轨道交通工作人员的生命安全和身体健康作为突发公共卫生事件应急工作的出发点和落脚点。

四、城市轨道交通突发公共卫生事件应急处置主要内容

1. 突发公共卫生事件政策制度

重大传染病的传播扩散对于空间结构半封闭、空气流通不畅、人群高度密集、客流高速流动的城市轨道交通是致命的。以"非典型肺炎""新冠疫情"为代表的重大疫情类突

发公共卫生事件，若城市轨道交通企业防范不力，将会给整个城市公共卫生安全带来巨大的风险隐患。

针对重大传染病等公共卫生突发事件防疫，国务院、相关部委、地方政府出台政策文件和应急预案对行业进行有效指导，根据应急处置的纲领性法律《中华人民共和国突发事件应对法》的内涵外延形成的公共卫生应急制度体系已经建立，国家分别针对不同领域的突发公共卫生事件应急工作相应出台了《中华人民共和国传染病防治法》《中华人民共和国疫苗管理法》《中华人民共和国动物防疫法》《中华人民共和国职业病防治法》《中华人民共和国国境卫生检疫法》《中华人民共和国食品安全法》《中华人民共和国进出境动植物检疫法》等法律。此外，《中华人民共和国基本医疗卫生与健康促进法》第十九条、第二十条明确了国家建立健全突发公共卫生事件应急体系和传染病防治体系的职责。《中华人民共和国精神卫生法》第十四条规定各级政府应在突发事件应急预案中体现心理援助内容，且在突发事件发生后及时开展心理援助工作。

在突发公共卫生事件应对措施上，国家和地方政府针对城市轨道交通等重点行业建立起疫情防控机制。如国务院发布的《国家突发公共卫生事件应急预案》、上海市制定的《城市轨道交通卫生规范》（DB31/T 1196—2019）等。根据国家、省、市相关指导文件，城市轨道交通企业制定疫情防控措施，构建疫情防控机制，提高疫情防控队伍水平，编制防控应急预案，和医疗卫生部门加强防疫信息分享，合理配置防疫物资设备，最大限度地利用防疫资源，在疫情预警、应对、处置、阻断四个阶段，按照疫情应急预案程序，正确处理公共卫生事件危机，提高公共卫生应急决策的合理性。

2. 突发公共卫生事件信息报告

对于非城市轨道交通运营企业管辖范围发生，但是所在城市政府部门发布通告的公共卫生事件，事件发生辖区属地管理单位应当及时汇总、分析公共卫生事件隐患和预警信息，对城市轨道交通运营可能造成的影响进行充分评估，并将评估结果上报所在市城市轨道交通主管部门、市应急管理部门和市应急指挥信息中心等部门。

城市轨道交通运营企业管辖范围内发生公共卫生事件，如车站发现传染病病人时，应及时报列车行车调度员、客运生产调度员及120急救中心，如司机通过乘客紧急报警装置（PECU）获知车厢有传染病疫情时，立即向行车调度员汇报，由行车调度员拨打120急救电话，城市轨道交通运营企业应将事件发生、发展及控制过程信息在2h内向属地辖区的区级疾病预防控制中心、区卫生管理部门、市城市轨道交通主管部门、市应急管理部门和市应急指挥信息中心等各级部门报告。

在接到上级主管部门或上级卫生监督部门的险情解除的指令后，指挥中心逐步做好恢复运营工作。

3. 城市轨道交通场所突发公共卫生事件应急措施

（1）城市轨道交通运营员工得知自身感染传染病时，应主动向城市轨道交通运营企业报告。

（2）现场处理人员要做好自身防护工作，佩戴手套、口罩，应与传染病病人保持适当距离，待卫生部门人员到达后，按其要求做好防护。

（3）车站站务人员、驻站维修人员、保安、保洁等在当班期间被确诊感染流行性传染病后，应立即通知当班人员就地待命，通知与其有过密切接触的非当班工作人员禁止外出，并保持通信畅通。后续车站人员听从市疾病预防控制中心指挥进行处理。

（4）如在车站发现传染病疫情，直接进行区域封锁，禁止所有与病原体有过接触的人员擅自离开，接应疾病预防控制中心或卫生防疫专家到现场，并听从指挥，必要时，经行车调度员同意后临时关闭车站处置。其他专业人员在做好自身防护的前提下，赶赴各车站，配合客运部门做好人员疏散、现场警戒和关站工作；相关部门做好媒体应对、协调联络和后勤保障工作。

（5）车站发生传染病疫情时，由行车调度员根据卫生部门要求，通知环控调度员调整车站通风模式。

（6）列车到站开门后发现列车上有传染病疫情时，立即组织列车清客，车站按照车站发现传染病疫情程序进行处理。行车调度员安排空车就近退出服务，同时经过该站的列车越站通过，并报120人员进行处置。

（7）对受疫情影响退出服务的列车，需进行封锁、隔离，由行车调度员组织相关人员配合卫生部门进行检测、消毒，处置完毕后方可投入运营服务。

（8）当发生流行性传染疫情时，确认发生区域为非群体性流感疫情时，车站按规定上报，引导、隔离感染该疫情人员离开车站。

（9）待流行性传染疫情处置完毕后，安排人员支援车站，配合卫生部门做好车站防疫消毒工作，根据运行控制中心（OCC）的指令尽快恢复车站投入运营服务。

（10）如确定为非传染病疫情，行车调度员组织恢复正常运营；如确认为传染病疫情，卫生部门处置完毕，允许开放后，行车调度员组织恢复正常运营。

❓ 学习与思考

若车站发现疑似传染病原携带人员，该如何隔离？车站客流组织应如何调整？

技能工作页 车站公共卫生事件应急演练

一、岗位分组

本次任务为车站公共卫生事件应急演练，可以采用桌面演练（如有条件可以采用虚拟仿真形式）等不同形式，各组采用班组轮值制度，学生按照预案分配角色，轮流扮演值班站长、行车值班员、客运值班员、站务员等角色，每个组员都有锻炼组织协调、班组管理、考核评价、总结汇报等能力的机会。通过小组协作，培养学生团结合作、互帮互助精神和协同攻关能力。

各组根据角色分配填写表 3-3-1。

任务分组表 表 3-3-1

组号		组名（车站名）	
组训			
团队成员	学号	角色指派	岗位职责
		值班站长	组织桌面演练；按照预案岗位要求演练
		行车值班员	按照预案岗位要求演练；完成各项考核任务
		客运值班员	协助值班站长组织桌面演练；按照预案岗位要求演练
		站务员 1	按照预案岗位要求演练
		站务员 2	按照预案岗位要求演练
		……	……

二、文件依据

请各组同学依据表 3-3-2 中的文件名称，组织开展应急演练方面的法规和标准规范等文件的学习，掌握应急演练相关文件要求。

相关法律法规文件依据 表 3-3-2

文件名称	文号/标准号	任务相关文件内容学习
《中华人民共和国传染病防治法》	中华人民共和国主席令第十七号	常见公共场所传染病的特点
《突发公共卫生事件应急条例》	国务院令第 376 号	突发公共卫生事件应急预案内容
《公共场所卫生管理条例》	国务院令第 666 号	针对公共场所的卫生管理制度
《突发公共卫生事件与传染病疫情监测信息报告管理办法》	卫生部令第 37 号	熟悉公共卫生事件与传染病疫情监测信息报告管理
《××企业地铁运营场所突发公共卫生事件应急预案》	—	熟悉传染病疫情、群体性不明原因疾病和疑似食物中毒等突发公共卫生事件的应急处置工作

三、引导问题

（1）简述城市轨道交通突发公共卫生事件时的信息报告制度。

（2）按照造成的危害程度、波及范围、影响大小、人员伤亡等情况，运营突发公共卫生事件由高到低应划分为哪些等级？

四、任务布置

1. 任务要求

各小组按照以下具体要求完成任务。

（1）各小组按演练题目编制完整的演练方案。

（2）各小组根据演练方案在平面布局图上开展桌面演练，评估人员全程做好视频记录保存或上传课程平台。

2. 任务内容

某地铁车站某日 13：00 起，陆续有员工出现恶心、呕吐、腹痛、腹泻等症状，有的出现发烧现象，疑似食物中毒，车站已将情况报告给应急指挥中心和 120 急救中心。

（1）应急指挥中心接报员工疑似食物中毒。

（2）应急指挥中心将信息上报上级主管部门和上级卫生监督部门。

（3）车站组织人员保护好现场，及时收集可疑食物、水源、餐具等以备取样检验。

（4）引导 120 急救人员进站，将患者送医。

（5）等待调查人员调查取证完毕，对中毒现场进行全面清洗、消毒，恢复车站正常运营。

3. 演练记录和评估

演练过程中由客运值班员或其他组观察员拍摄视频，演练结束后由客运值班员和行车值班员填写演练实施记录及评估报告，就演练小组演练过程给出评价。

五、演练实施记录及评估报告

根据演练实施过程，完成表 3-3-3。

演练实施记录及评估报告　　　　　　　　　　表 3-3-3

演练项目：车站公共卫生事件应急演练							
班级		演练小组			评估小组		
演练小组分工	组长		组员		组员		组员
	岗位		岗位		岗位		岗位
	组长		组员		组员		组员
	岗位		岗位		岗位		岗位
演练时间	年　月　日			演练地点			
演练概况：							

续上表

演练过程记录			
序号	时间	过程描述	存在的问题

评估总结					
项目	评价				意见
小组协同情况	□优秀	□良好	□合格	□不合格	
各岗位表现情况	□优秀	□良好	□合格	□不合格	
演练效果情况	□优秀	□良好	□合格	□不合格	
演练方案编制	□优秀	□良好	□合格	□不合格	

总评价意见：

演练总体评价	□优秀	□良好	□合格	□不合格

演练小组评价及改进建议	
序号	存在的问题	改进措施

六、考核评价

各组介绍任务完成情况并提交相关材料，进行小组自评、组间互评、教师评价，完成考核评价表 3-3-4。

考核评价表 表 3-3-4

序号	评价项目	评价内容	分值	自评 （30%）	互评 （30%）	教评 （40%）	合计
1	职业素养	分工合理，制订计划能力强，严谨认真	5				
		爱岗敬业、安全意识、责任意识、服从意识	5				
		团队合作、交流沟通、互相协作、分享能力	5				
		遵循国家文件要求和行业规范	5				
		主动性强，保质保量完成技能工作页相关任务	5				
		具备有效组织工作的能力	5				

技能工作页

序号	评价项目	评价内容	分值	自评（30%）	互评（30%）	教评（40%）	合计
2	专业能力	了解我国公共卫生法律法规	5				
		熟悉各类公共卫生突发事件应对措施	5				
		能依据不同公共卫生突发事件编制应急演练方案	10				
		依据演练方案熟练开展桌面演练	20				
		车站公共卫生突发事件应急演练知识融会贯通，达到考核要求	20				
3	创新意识	查阅公共卫生安全的要求	5				
		能对公共卫生事件风险进行分析	5				
合计			100				
评价人				评价时间			

技能工作页

城市轨道交通恶劣天气与自然灾害应急处理

城市轨道交通应急处理（第2版）

项目说明

　　本项目围绕恶劣天气、自然灾害以及预警信号级别等内容，要求学生了解城市轨道交通恶劣天气及自然灾害条件下的信息传递、发布及处理，着重学习恶劣天气与自然灾害发生后的应急处理。

📋 **项目目标**

1. 知识目标

（1）了解恶劣天气和自然灾害对轨道交通的危害及预警信号。

（2）掌握不同等级恶劣天气和自然灾害对运营的影响和分级应对措施。

（3）熟悉城市轨道交通运营单位恶劣天气预警信息的发布和取消流程。

（4）掌握车站常见恶劣天气应急处理方法。

（5）掌握城市轨道交通水灾应急处理程序。

（6）掌握城市轨道交通地震应急处理原则、方法。

2. 能力目标

（1）熟练开展各类恶劣天气和自然灾害演练，熟悉此类突发事件不同场景各运营岗位处理特点和要求。

（2）具备暴雨等各种恶劣天气条件下应急处理能力。

（3）具备地震等各种地质灾害条件下应急处理能力。

3. 素养目标

（1）树立以人为本和求真务实的价值取向，培养学生爱党爱人民的政治认同。

（2）结合车站各岗位应急技能训练与职业态度教育，培养学生应急反应能力和决策能力以及敢于担当、勇于负责的品质。

（3）通过学习恶劣天气和地质灾害的应急处理，体会应急组织和处理中蕴含的政治认同、家国情怀，培养居安思危、生命至上、责任担当、遵章守纪的职业理念。

（4）培养处理突发事件时，沉着冷静、临危不惧的工作态度和严谨务实、求实创新的个人品质。

📊 **建议学时**

6 学时。

任务1　恶劣天气预警与应对

当前，我国的城市轨道交通正处于大发展阶段，尤其沿海城市轨道交通的发展更加迅速。一方面，轨道交通线路越来越多地采取地面和高架的形式，气象条件对轨道交通运行的影响逐渐显著。另一方面，随着全球环境的不断恶化，气象灾害发生的频率越来越高，多年不遇的极端天气不断出现；气象灾害造成的危害越来越大，甚至可能导致整个城市和区域经济、社会功能的瘫痪。

二维码

恶劣天气
应急处理

城市轨道交通系统是城市中人流最为集中的地方之一，一旦发生灾变，将直接危及乘客的人身安全。随着城市规模的不断扩大，人民生活水平和出行需求都在不断提高，对城市轨道交通的依赖性越来越强，因而恶劣天气对城市轨道交通造成危害，进而对城市造成损失的可能性也越来越大。因此，如何克服恶劣天气的影响，确保城市轨道交通在各种不利条件下的安全运营，是城市轨道交通运营企业必须面对的问题。

一、恶劣天气与预警信号

1. 恶劣天气

恶劣天气是指突发气象灾害预警信息所描述的天气，包括台风、暴雨、暴雪、大雾等天气。

2. 预警信号

中国气象局规定的气象灾害预警信号（简称预警信号）为台风、暴雨、暴雪、寒潮、大风、沙尘暴、高温、干旱、雷电、冰雹、霜冻、大雾、霾、道路结冰等 14 种，其图标如图 4-1-1 所示。除干旱外，其他 13 种气象灾害对城市轨道交通运营安全都有较大影响，都可以归入影响城市轨道交通运营的恶劣天气中。

预警信号由名称、图标、标准和防御指南组成。

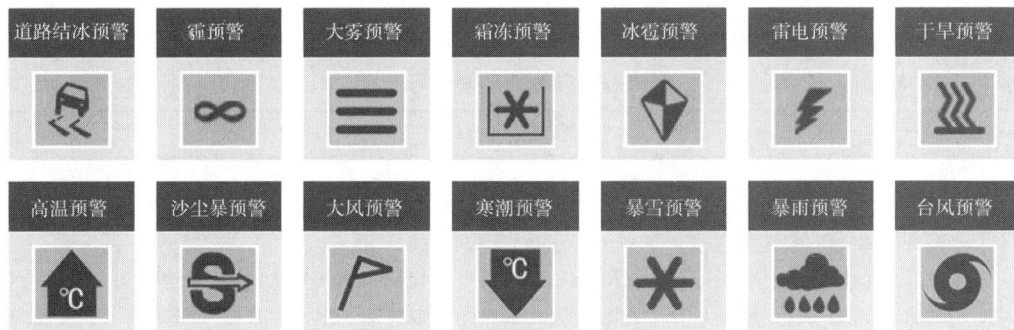

道路结冰预警	霾预警	大雾预警	霜冻预警	冰雹预警	雷电预警	干旱预警
高温预警	沙尘暴预警	大风预警	寒潮预警	暴雪预警	暴雨预警	台风预警

图 4-1-1　我国预警信号图标

1）预警信号级别

预警信号，按照灾害危害程度、紧急程度和发展态势，一般划分为四级：Ⅳ级（一般)、Ⅲ级（较重）、Ⅱ级（严重）、Ⅰ级（特别严重），依次用蓝色、黄色、橙色和红色表示，同时以中英文标识。图 4-1-2 ~ 图 4-1-4 分别为台风、暴雨、暴雪不同级别的预警信号图标。

图 4-1-2 台风预警信号图标

图 4-1-3 暴雨预警信号图标

图 4-1-4 暴雪预警信号图标

2）预警信号标准

根据《中央气象台气象灾害预警发布办法》（气发〔2010〕89 号），台风、暴雨、暴雪等常见恶劣天气的预警信号分级见表 4-1-1。

常见恶劣天气的预警信号分级 表 4-1-1

气象灾害类型	预警信号分级及定义			
	红色	橙色	黄色	蓝色
台风	预计未来 48h 将有强台风（中心附近最大平均风速 14 ~ 15 级）、超强台风（中心附近最大平均风速 16 级及以上）登陆或影响我国沿海	预计未来 48h 将有台风（中心附近最大平均风速 12 ~ 13 级）登陆或影响我国沿海	预计未来 48h 将有强热带风暴（中心附近最大平均风速 10 ~ 11 级）登陆或影响我国沿海	预计未来 48h 将有热带风暴（中心附近最大平均风速 8 ~ 9 级）登陆或影响我国沿海

气象灾害类型	预警信号分级及定义			
	红色	橙色	黄色	蓝色
暴雨	过去48h有2个及以上省（区、市）大部地区持续出现日雨量100mm以上降雨，且上述地区有日雨量超过250mm的降雨，预计未来24h上述地区仍将出现100mm以上降雨	过去48h有2个及以上省（区、市）大部地区持续出现日雨量100mm以上降雨，且南方地区有成片或北方地区有分散的日雨量超过250mm的降雨，预计未来24h上述地区仍将出现日雨量50mm以上降雨；或者预计未来24h有2个及以上省（区、市）大部地区将出现日雨量250mm以上降雨	过去24h有2个及以上省（区、市）大部地区出现日雨量100mm以上降雨，预计未来24h上述地区仍将出现日雨量50mm以上降雨；或者预计未来24h有2个及以上省（区、市）大部地区将出现100mm以上降雨，且南方地区有成片或北方地区有分散的日雨量超过250mm的降雨	预计未来24h有2个及以上省（区、市）大部地区将出现日雨量50mm以上降雨，且南方地区有成片或北方地区有分散的日雨量超过100mm的降雨；或者已经出现并可能持续
暴雪	过去24h有2个及以上省（区、市）大部地区出现25mm以上降雪，预计未来24h上述地区仍将出现10mm以上降雪	过去24h有2个及以上省（区、市）大部地区出现10mm以上降雪，预计未来24h上述地区仍将出现5mm以上降雪；或者预计未来24h有2个及以上省（区、市）大部地区将出现15mm以上降雪	过去24h有2个及以上省（区、市）大部地区出现5mm以上降雪，预计未来24h上述地区仍将出现5mm以上降雪；或者预计未来24h有2个及以上省（区、市）大部地区将出现10mm以上降雪	预计未来24h有2个及以上省（区、市）大部地区将出现5mm以上降雪，且有成片超过10mm的降雪
大雾	2h内可能出现能见度小于50m的雾，或者已经出现能见度小于50m的雾且将持续	6h内可能出现能见度小于200m的雾，或者已经出现能见度小于200m、大于或等于50m的雾且将持续	12h内可能出现能见度小于500m的雾，或者已经出现能见度小于500m、大于或等于200m的雾且将持续	—
道路结冰	当路表温度低于0℃，出现降水，2h内可能出现或者已经出现对交通有很大影响的道路结冰	当路表温度低于0℃，出现降水，6h内可能出现对交通有较大影响的道路结冰	当路表温度低于0℃，出现降水，12h内可能出现对交通有影响的道路结冰	—

二、恶劣天气对城市轨道交通的主要危害

根据城市轨道交通灾害天气的成因特点，将其分为雨灾、风灾、雪灾、雾灾、雷电灾害、温度变化灾害等6类，每一类又分几种灾害性天气。灾害类别和相应的灾害性天气及其直接和间接灾害见表4-1-2。

自然灾害性天气的直接和间接灾害   表 4-1-2

类别	灾害性天气	直接灾害	间接灾害
雨灾	大雨	暴雨、洪水、涝害，灌淹车站、隧道设施，冲垮高架桥墩及其他轨道交通设施等	泥石流、山崩、滑坡
	暴雨		
	连阴雨	霉变、能见度下降，机车速度下降等	病虫害
风灾	飓风	卷走接触网、供电设备等	风暴潮、巨浪、沙尘暴
	龙卷风		
	台风		
	沙尘暴	能见度下降，机车速度下降，轨道积沙等	
雪灾	暴雪	掩埋地面、高架轨道设施，能见度下降，机车速度下降等	冰冻、冻融、低温灾害
	大雪		
	吹雪		
雾灾	大雾	能见度下降，机车速度下降，雾闪断电等	—
雷雹	雷电	电击高架轨道和电力线网设施	雷击火
	冰雹	毁坏电力线网和轨道设施，轨道积水	
温度变化	高温	旅客流量增大	—
	低温（寒潮、霜冻、冻雨）	电网爆裂，输电能力下降，旅客流量增大等	冰冻、冻融、雪灾

　　轨道交通运营部门应依照城市特征制订相应的应急预案，一般地，可以分为恶劣天气应急处理和自然灾害应急处理。

三、城市轨道交通恶劣天气信息的预警发布

　　线网中心或控制中心关注当地气象台官方天气预报和轨道交通气象台，根据预警信号、恶劣天气信息及上级要求，及时启动并发布相应级别预警（蓝色、黄色、橙色、红色）响应，并做好信息收集。

　　1）控制中心气象信息发布

　　控制中心调度值班主任接收到气象信息，并确认为影响运营安全的恶劣天气后，必须将消息发布给有关部门、员工。

　　①遇台风、暴雨、暴雪、大风等天气，调度值班主任必须向中央控制室全体当值员工、运营公司总部经理及副经理、当值运营及维修管理人员、其他相关部门领导发布信息。

　　②遇寒潮、冰雹天气，调度值班主任必须向中央控制室全体当值员工、当值运营及维修管理人员、其他相关部门领导发布信息。

　　③遇其他恶劣天气，调度值班主任必须向中央控制室全体当值员工、其他相关部门领导发布信息。

2）线路气象信息发布

控制中心行车调度员接收到气象信息，并确认为影响运营安全的恶劣天气后，必须将消息发布给有关部门、员工。

①遇台风、暴雨、沙尘暴、大风、冰雹等天气，行车调度员必须向车场控制中心（DCC）、维修调度员、正线列车司机及车站人员发布信息。

②遇大雾天气，行车调度员必须向车场控制中心、正线列车司机和车站人员发布信息。

③遇其他恶劣天气，行车调度员必须向车场控制中心及车站人员发布信息。

利用无线电台向司机发布信息；通过传真向其他部门或人员发布信息，发出传真后，必须经电话确认。

3）公示信息发布

气象灾害预警信号生效期间，车站需在出入口处张贴公告。公告的内容包括信号发布的事件、信号内容、所涉及车站、列车服务状况等。

例如：2014年4月1日7：00，某市气象台发布黄色暴雨预警信号，过去24h该市大部地区出现100mm以上降雨，预计未来24h该市仍将出现50mm以上降雨。列车服务正常。

四、常见恶劣天气应急处理办法

大风、雨雪等恶劣天气，一方面会对线路、道岔等设备及地面行车造成不利影响，另一方面会引起车站客流的增加，车站工作人员应按照恶劣天气应急处理办法及时采取疏导、限流等措施，消除各种隐患，确保乘客的乘车安全。

1. 大雾、大风、沙尘天气应急处理办法

当风力超过7级时会对车站运营造成影响，接到控制中心发布的有关恶劣天气的消息后，车站需检查悬挂物，以免脱落物砸伤乘客及员工；指派专人对站台上的可移动物品进行加固；督促保洁清理车站；露天段车站做好停运、客流疏散准备；如有其他异常立即上报控制中心。

当列车遇雾、暴风、沙尘暴天气，瞭望困难时，司机应及时将情况报告行车调度员或车站行车值班员，必要时开启前照灯，适时鸣笛，适当降低速度。当看不清信号、道岔时，要停车确认，严禁臆测行车。列车进入车站时，司机要适当降低列车速度，确保对标停车，运行中严禁盲目抢点。

2. 暴雪天气应急处理办法

城市轨道交通运营线路出现大范围降雪时，钢轨冰冻会影响车辆的牵引制动，导致尖轨与基本轨无法紧密贴合，接触轨冰冻而无法与受流器接触造成机车无电，还会造成乘客摔伤等后果。值班站长应通知所有工作人员，通报恶劣天气的相关情况，做好雪天应急处置工作。

遇影响运营的暴雪天气，列车司机立即报信号楼或运行控制中心，行车值班员立即报运行控制中心、值班站长。运行控制中心立即启动相应专项应急预案并通知列车司机和行车值班员，行车值班员接到通知报值班站长。

值班站长启动预案，组织员工扫雪、除冰。行车值班员做好应急广播，联系车站应急抢险队员，做好支援安排。客运值班员准备相应的应急备品（如铲雪锹、大竹扫把等），并发放给站务员。站务员做好应急抢险准备，并随时提醒乘客地面湿滑。列车司机加强瞭望，及时向运行控制中心汇报暴雪造成的影响。

值班站长安排人员在出入口、电梯口等湿滑的地点做好防护措施，加强乘客引导，做好现场处置的指挥协调。在客运值班员的协助下组织人员对出入口、电梯口、露天站台乘客候车处等地点除雪、除冰，湿滑地点放置防滑警示牌等。行车值班员注意观察车控室 CCTV，随时广播提醒乘客地面湿滑，防止摔倒，并做好与运行控制中心、车站各岗位、救援部门之间的信息传递。站务员协助客运值班员设置防滑警示牌，引导站台乘客安全乘车。列车司机遇到影响行车安全的情况立即停车，向信号楼或运行控制中心汇报，做好乘客安抚工作。

暴雪结束恢复正常运营条件后，值班站长接到运行控制中心应急终止命令且完成除雪、除冰后，通知各岗位终止应急方案，通知站务员撤除防护、清理现场。客运值班员负责撤除防滑警示牌等。列车司机接到信号楼或运行控制中心应急终止命令，按信号楼或运行控制中心命令，恢复正常驾驶。

3. 暴雨天气应急处理办法

遇影响运营的暴雨天气，列车司机立即报信号楼或运行控制中心，行车值班员立即报运行控制中心、值班站长。运行控制中心立即启动相应专项应急预案命令并通知列车司机和行车值班员，行车值班员接到通知报值班站长。

值班站长启动预案，组织员工做好安全防护和防洪。行车值班员做好应急广播，联系车站应急抢险队员，做好支援安排。客运值班员准备好相应的应急备品（如防滑警示牌等）并发放给站务员。站务员做好应急抢险准备，加强巡视，确保车站出入口、站厅、站台的客流秩序，关注出入口客流情况，向乘客发放一次性雨衣、伞套，宣传疏导其快速出站，不要在出入口停留。露天段车站应加强站台巡视，督促保洁做好地面清理工作。

值班站长安排员工在出入口、电梯口等湿滑的地点做好防护措施，加强乘客引导，并及时向运行控制中心及上级领导汇报车站受暴雨影响情况。如发生雨水倒灌等紧急情况，组织做好应急抢险。必要时调集车站人员（如机电、工务等驻站人员）做好抗洪抢险工作。行车值班员密切监视车站出入口积水情况、隧道区间的水位情况，发现问题及时报运行控制中心、值班站长。客运值班员在出入口、电梯口、露天站台乘客候车处等湿滑的地点放置防滑警示牌等，并做好聚集在车站及出入口避雨乘客的疏导工作，必要时疏散站内乘客并协助值班站长做好应急抢险。列车司机加强瞭望，及时向运行控制中心汇报暴雨造成的影响。在地面、高架站线路时，经运行控制中心同意后，可采用 SM 模式进站对标停车；在地下线路时，如发现线路遭到水浸，立即报告运行控制中心，根据运行控制中心要求执行相关命令。

暴雨结束恢复正常运营条件后，值班站长接到运行控制中心应急终止命令且车站紧急情况解除后，通知各岗位终止该方案，撤除防护、清理现场。客运值班员和站务员听从值班站长指挥撤除防滑警示牌和相关防护等。列车司机接到运行控制中心应急终止命令，确认行车设备符合动车条件后，恢复正常驾驶。

二维码

强暴雨出入口水淹事件应急处理演练

任务内容

任务2　城市轨道交通水灾应急处理

城市轨道交通防汛防涝工作事关人民群众生命与财产安全和社会稳定发展，交通运输部先后制定和修订《城市轨道交通运营应急能力建设基本要求》（JT/T 1409—2022）等文件就防汛防涝明确了建设、验收和运营相关标准。

一、城市轨道交通水灾概述

为满足城市轨道交通沿线各车站及区间生产、生活及消防的需要，需设给水、排水及消防系统。但是，在恶劣天气或洪涝灾害下，地面雨水和洪水会倒灌到地下车站或隧道中，超过车站排水系统最大承受能力，形成积水。积水一旦超过警戒水位，就会破坏车站或隧道内的信号和机电设备，影响正常行车安全，威胁车站工作人员和乘客安全（图4-2-1）。因而，城市轨道交通有关人员应掌握水灾应急处理办法，避免水灾带来的严重影响。

图4-2-1　某市地铁积水倒灌

城市轨道交通水灾又称为车站、轨行区淹水倒灌，按照《城市轨道交通运营险性事件信息报告与分析管理办法》的定义，其是指雨水等通过出入口、风亭、过渡段洞口等倒灌到车站和轨行区，导致车站公共区积水浸泡或漫过钢轨轨面。

国内地铁水灾突发事件的分类通常依据轨行区积水浸过床道分三个等级。

（1）重大级（Ⅰ级）：轨行区积水淹过钢轨，列车不能通过，行车中断。

（2）较大级（Ⅱ级）：轨行区积水导致信号故障，积水面距轨面高度 $5cm \leqslant h \leqslant 18cm$，允许列车限速25km/h通过积水区段；当积水面距轨面高度 $h \leqslant 5cm$，原则上不允许列车通过，必须通过时限速15km/h。

（3）一般级（Ⅲ级）：BAS出现高水位报警或列车司机发现轨行区积水，但积水面距轨面高度 $h \geqslant 18cm$，允许列车以正常速度通过积水区段，不影响列车正常行驶。

城市轨道交通等地下空间，作为地上泛滥河水或暴雨积水极易流侵的半封闭性空间，是水灾危险性极高的空间。当遭遇强降雨、台风暴雨等极端降水事件及其导致的溃堤、漫堤等事件时，如果没有恰当的措施阻止洪水进入地下空间，那么洪水在地下空间中的扩散速度将非常快，水淹深度的上升速度比城市地表快得多。

⚠ 引以为戒

国内外城市轨道交通水灾危害案例

1992—2003 年，英国伦敦地铁系统中共发生了 1200 多次洪水事件，造成了 200 多次站台关闭，仅 2002 年 8 月 7 日的洪水就造成了 74 万英镑的损失。

1998 年韩国汉城（现首尔）的暴雨导致河流溃堤，洪水入侵地铁 7 号线，淹没 11 个地铁站，导致 7 号线关闭 9 天，减负荷运行 35 天。

1999 年和 2003 年，日本福冈市两次遭受大暴雨的袭击，导致地铁站、商业中心和建筑物的地下室等均被淹，地铁被迫停运。

2001 年 9 月，"纳莉"台风带来的强降水，造成台北地铁系统的 63 座车站中 18 座车站淹水，台北地铁陷入瘫痪，车站机电系统损失尤为严重。

2002 年，"鹿莎"台风袭击韩国，造成汉城地铁里灌满了水，成了地下河。

2012 年 10 月 25 日早晨，超级台风"桑迪"引发美国纽约严重洪涝，多条地铁线路遭水淹（图 4-2-2），纽约地铁完全关闭 3 天。

图 4-2-2　超级台风"桑迪"引发洪水淹没纽约地铁

2021 年 7 月 20 日，郑州因极端暴雨引发严重城市内涝，致地铁 5 号线五龙口停车场挡水围墙被冲毁，洪水灌入地铁隧道正线区间，导致 5 号线一列车被洪水围困。此次水灾导致 14 名乘客不幸遇难。

二、城市轨道交通水灾形成原因及特征

城市轨道交通水灾形成的主要原因如下：

（1）排水设施故障。

（2）区间消防管道及车站给水设备大量漏水。

（3）隧道发生大面积渗水。

（4）大面积停电。

（5）外界因素，如受外单位施工影响等。

（6）突发自然灾害，如暴雨、洪水等。

一般情况下，城市轨道交通水灾最有可能发生在夏季强降雨时节，强降雨导致积水和土壤水分过多，加重了地铁对水患防护的压力。同时由于水渗透力大、冲击力强，其长时间对地铁水患防护的冲击会导致防护系统出现问题，而对于建造在地下的地铁来说，任何部位的问题都可能造成巨大影响。特别是电力系统一旦遭受水浸，可能会造成列车失电迫停，以及巨大的财产损失和惨重的人员伤亡，还会产生严重的社会影响。

三、城市轨道交通水灾应急处理程序

1. 车站工作人员

当给水管道破裂、地下车站和隧道进水等危及运营的情况发生时，车站有关人员应按下列程序进行处置。

（1）任何员工一旦发现水灾发生，应立即报告值班站长以下情况：水灾发生的位置、流量，水源，哪些设备可能会受到影响。

（2）值班站长向行车调度员报告：本站发生水淹事故，本站受到影响的区域、是否影响乘降及受影响设备的情况。

（3）值班站长携带防洪装备赶往事发位置，命令站务人员和保洁前往水灾区域。

（4）值班站长到达现场后评估情况，向行车调度员汇报最新进展，视现场情况需要请求机电等部门进行人力支援。

（5）站务人员尝试用防洪板、沙包或其他填充物阻断水源或抑制流量，在周边用提示牌和警戒线布置禁行区。

（6）车站值班员通过公共广播系统（PA）、乘客信息系统（PIS）向乘客进行宣传解释。

（7）若水灾可能导致车站设备出现危险或影响运营时，视情况需要封闭车站部分区域。

2. 机电抢险人员

（1）对水灾地点及时采取断水堵水措施，开启全部排水泵排水。

（2）随时向值班站长和行车调度员报告水情。

（3）按照抢险预案要求，进行紧急处置。

3. 行车调度员

（1）随时了解水情变化。必要时，通知电力调度员接触网（轨）停电。

（2）组织具备运行条件的区段维持运营。

4. 列车司机

（1）列车司机在运行中发现积水漫过道床排水沟时，如接触轨能正常供电，以能随时停车的速度运行，并及时将情况报告行车调度员或车站值班员。

运营线路发生水灾时司机应急处理

（2）当水灾造成路基塌陷、滑坡等危及行车安全时，应立即停车，将情况如实报告给行车调度员，按其指示行车。

5. 行车值班员

当积水面未超过钢轨轨脚时，允许列车以正常速度通过积水段；当积水面介于钢轨轨脚和轨头底部之间时，允许列车按 25km/h 速度通过积水段；当积水面超过钢轨轨头底部时，原则上列车不准通过积水段，必须通过时限速 15km/h。

> ❓ **学习与思考**
>
> 夏季是暴雨频发的季节，若出现积水漫进车站的情况，值班站长应当怎么处理？

> 📖 **案例分析**
>
> ### 伦敦地铁水灾案例
>
> 1. 事件概况
>
> 2012 年 6 月 6 日 13：39，泰晤士水务公司工程师试图修理一处位于斯特拉特福德站和堡站之间的漏水管道。但是地面管道突然破裂，导致 200 万升水涌入附近地铁中，数百名乘客被困地铁中 2 个多小时，最后被迫沿着隧道铁轨逃生。另有数千名乘客的行程被延误。此次事故是伦敦地铁系统建立以来最大安全恐慌之一。
>
> 2. 事件原因分析
>
> 泰晤士水务公司工程师的严重操作失误是事故的主要原因，伦敦地铁处置缓慢进一步引发更多的次生影响。
>
> 3. 案例评析
>
> （1）针对地铁内涝，应建立从政府到运营企业完整的预警制度，制订应对内涝的方案。
>
> （2）政府可以针对性成立灾害预警指挥部门，综合利用气象环境部门的预报技术和水文技术，对水灾风险发布预警，帮助地铁部门应对内涝水灾。

技能工作页　线路水淹运营受阻应急演练

一、岗位分组

本次任务为线路水淹运营受阻应急演练，可以采用桌面演练（如有条件可以采用虚拟仿真形式）等不同形式，各组采用班组轮值制度，学生按照预案分配角色，轮流扮演值班站长、行车值班员、客运值班员、站务员等角色，每个组员都有锻炼组织协调、班组管理、考核评价、总结汇报等能力的机会。通过小组协作，培养学生团结合作、互帮互助精神和协同攻关能力。

各组根据角色分配填写表4-2-1。

任务分组表　　　　　　　　　　　　　　　　　　　表 4-2-1

组号		组名（车站名）	
组训			
团队成员	学号	角色指派	岗位职责
		值班站长	组织桌面演练；按照预案岗位要求演练
		行车值班员	按照预案岗位要求演练；完成各项考核任务
		客运值班员	协助值班站长组织桌面演练；按照预案岗位要求演练
		站务员 1	按照预案岗位要求演练
		站务员 2	按照预案岗位要求演练
		……	……

二、文件依据

请各组同学依据表4-2-2，组织开展应急演练方面的法规和标准规范等文件的学习，掌握应急演练相关文件要求。

相关法律法规文件依据　　　　　　　　　　　　　表 4-2-2

文件名称	文号/标准号	任务相关文件内容学习
《中华人民共和国防汛条例》	国务院令第 86 号	城市防汛抗洪要求；防汛组织、准备和抢险
《地铁设计规范》	GB 50157—2013	了解地铁的防汛、排水问题的规范要求
《城市轨道交通正式运营前安全评估规范》	交办运〔2023〕57 号	了解地铁淹水倒灌风险管控要求
《××企业防洪防汛专项应急预案》	—	熟悉发生暴雨、内涝等突发事件时线路各岗位的应急处置

三、引导问题

（1）阐述暴雨各级预警的降雨情况和定义。

（2）城市轨道交通企业防汛应急组织机构是如何设置的？

（3）暴雨红色预警时城市轨道交通企业是如何应急响应的？

（4）什么情况下暴雨或洪涝应该执行封站和线路停运？

（5）线路水淹运营后，应采取什么措施才能恢复运营？

四、任务布置

1. 任务要求

各小组按照以下具体要求完成任务。

（1）各小组按演练题目编制完整的演练方案。

（2）各小组根据演练方案在平面布局图上开展桌面演练，评估人员全程做好视频记录保存或上传课程平台。

2. 任务内容

某市地铁线路发生渗水事件，积水已经淹到区间隧道，运营受阻。学生根据以下预设条件分组进行隧道水淹应急演练。

（1）地铁线路发生渗水事件，积水已经淹到区间隧道；

（2）积水水位继续上涨，已上升到道床，全线做好应急抢险准备；

（3）积水没过钢轨，列车司机无法判断线路情况，停止运营，区间封锁；

（4）水淹原因已经查清，水淹事件已经解决；

（5）列车恢复运营，日志记录事故。

3. 演练记录和评估

演练过程中由客运值班员或其他组观察员拍摄视频，演练结束后由客运值班员和行车值班员填写演练实施记录及评估报告，就演练小组演练过程给出评价。

五、演练实施记录及评估报告

根据演练实施过程，完成表4-2-3。

演练实施记录及评估报告

表4-2-3

演练项目：线路水淹运营受阻应急演练								
班级		演练小组			评估小组			
演练小组分工	组长		组员		组员		组员	
演练小组分工	岗位		岗位		岗位		岗位	
演练小组分工	组长		组员		组员		组员	
演练小组分工	岗位		岗位		岗位		岗位	
演练时间		年　月　日			演练地点			

演练概况：

		演练过程记录	
序号	时间	过程描述	存在的问题

评估总结				
项目	评价			意见
小组协同情况	□优秀	□良好	□合格	□不合格	
各岗位表现情况	□优秀	□良好	□合格	□不合格	
演练效果情况	□优秀	□良好	□合格	□不合格	
演练方案编制	□优秀	□良好	□合格	□不合格	

总评价意见：

演练总体评价	□优秀	□良好	□合格	□不合格

演练小组评价及改进建议		
序号	存在的问题	改进措施

技能工作页

六、考核评价

各组介绍任务完成情况并提交相关材料，进行小组自评、组间互评、教师评价，完成考核评价表4-2-4。

考核评价表　　　　　　　　　　　　　　　　表4-2-4

序号	评价项目	评价内容	分值	自评（30%）	互评（30%）	教评（40%）	合计
1	职业素养	分工合理，制订计划能力强，严谨认真	5				
		爱岗敬业、安全意识、责任意识、服从意识	5				
		团队合作、交流沟通、互相协作、分享能力	5				
		遵循国家文件要求和行业规范	5				

续上表

序号	评价项目	评价内容	分值	自评 （30%）	互评 （30%）	教评 （40%）	合计
1	职业素养	主动性强，保质保量完成技能工作页相关任务	5				
		具备有效组织工作的能力	5				
2	专业能力	熟悉城市轨道交通防汛要求	5				
		熟悉不同程度线路水淹对运营的影响和应对措施	5				
		能依据不同水淹场景编制车站水淹受阻应急演练方案	10				
		依据演练方案熟练开展桌面演练	20				
		车站水淹受阻应急演练知识融会贯通，达到考核要求	20				
3	创新意识	查阅国内地铁防汛案例	5				
		了解地铁防汛标准	5				
合计			100				
评价人				评价时间			

技能工作页

任务3　城市轨道交通地震应急处理

地质灾害，通常指地质作用引起的人民生命与财产损失的灾害。由降雨、融雪、地震等因素诱发的称为自然地质灾害，由工程开挖、堆载、爆破、弃土等引发的称为人为地质灾害。常见的地质灾害主要指危害人民生命和财产安全的地震、崩塌、滑坡、泥石流、地面塌陷、地裂缝、地面沉降等与地质作用有关的灾害。

一、地震概述

地震是指大地震动，包括天然地震（构造地震、火山地震）、诱发地震（矿山冒顶、水库蓄水等引发的地震）和人工地震（爆破、核爆炸、物体坠落等产生的地震）。一般指天然地震中的构造地震。破坏性地震，是指造成一定数量的人员伤亡和财产损失的地震事件。

地震震级即为地震的强度，表示地震震中（地震的发生地点）发生而释放的能量，习惯上分为：2 级以下为微震；2 ~ 3.9 级为小震；4 ~ 5.9 级为中震；6 ~ 7.9 级为大震；达到 8 级或更高，则为特大级。

地震发生后，城市轨道交通管辖范围内除地面建筑受损外，可能发生的问题有：

（1）电客车脱轨。

（2）洞下结构局部受损，个别隧道错位，出现地下冒水漏水现象。

（3）钢轨及下部建筑扭曲，供电支架损坏，接触网线脱落。

（4）电缆、上下水管道受损，供电、供水中断。

二、城市轨道交通地震应急处置原则

（1）统一领导原则。地震应急工作应在当地政府和地铁集团公司统一领导下开展。

（2）实行"高度集中，统一指挥，逐级负责"的原则。由运营单位应急救援指挥部统一指挥和调度，各部门听从指挥和分工，各司其职，各负其责，确保救援抢险工作安全有序开展，减少地震灾害影响。

（3）紧急处置原则。抓住主要矛盾，先全面，后局部；先救人，后救物；先抢救通信、供电等要害部位，后抢救一般设施。根据需要，在确保安全的情况下，尽快开通线路，恢复运营（含局部线路），由地震灾害造成设备设施受损、人员受伤等事件时，启动相应应急预案。

三、城市轨道交通地震响应等级

根据有关规定，主要结合地震对地铁行车的影响进行如下分类：

轨道交通所在地或邻近地域发生大于 7 级的地震，视为造成特大损失的严重破坏性地震，特别严重影响行车和乘客安全，应启动一级预案。

轨道交通所在地或邻近地域发生大于 6.5 级、小于 7 级的地震，视为严重破坏性地震，严重影响行车和乘客安全，应启动二级预案。

轨道交通所在地或邻近地域发生 6.5 级以下的地震，视为一般破坏性地震，影响行车和乘客安全，应启动三级预案。

1. 一级预案

（1）启动一级应急措施：运行控制中心电力调度员切断交流供电电源，启用紧急照明，列车紧急制动停车。司机负责组织列车上乘客向车站疏散，车站站长或值班站长负责组织有关人员疏散乘客、保护地铁设备，并将情况报告运行控制中心，若通信中断应设法与外界取得联系，并做好自救工作，运行控制中心发布列车停运、急救命令，及时将灾情报告指挥部及市政府有关部门。

（2）车辆部、客运部、物资设施部及时成立应急工作组，召集各专业救援队队员，组织救援工具、物品。根据灾情尽快恢复动力照明系统供电，确定牵引供电恢复送电方案；救援队出动救援，在起复机车、车辆、抢修线路中，快速确定方案，并报运行控制中心。方案确定后严格由救援队长单一指挥作业，有两个以上救援队联合作业时，应商定一名队长为总指挥。

（3）必要时向指挥部、市政府有关部门和组织请求援助；指挥外援人员抗震救灾，尽快恢复地铁运营。

（4）及时向指挥部、市政府报告震情、救灾情况以及运营开通情况。

2. 二级预案

（1）启动二级应急措施：运行控制中心电力调度员切断牵引供电系统电源，启用紧急照明；列车制动停车，司机组织列车上乘客向车站疏散；车站站长或值班站长负责组织有关人员疏散乘客、保护地铁设备，并将情况报告运行控制中心，若通信中断应设法与外界取得联系，并做好自救工作，运行控制中心发布列车停运、急救命令，及时将灾情报告指挥部及市政府有关部门。

（2）各应急工作组及时到位履行职责，组织救援抢险，恢复牵引供电，开通地铁运营。必要时向指挥部、市政府有关部门和组织请求援助；指挥外援人员抗震救灾，尽快恢复地铁运营。

（3）及时向指挥部、市政府报告震情、救灾情况以及运营开通情况。

3. 三级预案

（1）小于 6.5 级的地震发生后，司机视灾情维持列车运行到前方站停车，疏散车上乘客；站长或值班站长负责组织有关人员疏散车站乘客、保护地铁设备，并将情况报运行控制中心，若通信中断应设法与外界取得联系，并做好自救工作，运行控制中心视情况发布列车停运或限速命令，组织抢险救援，向上级领导报告有关情况。

（2）按市防震抗灾领导小组的要求，在运营分公司抗震救灾应急指挥部领导下，视震情、灾情组织抢险救援，具体落实抗震救援工作和措施，并及时报告有关情况。

四、城市轨道交通地震紧急处置

1. 地震三级应急响应

1）震时

①运行控制中心行车调度员命令区间列车司机加强瞭望，注意确认车辆运行及设施设备状态，遇异常情况及时采取措施。

②车站确认电梯无人乘坐后，立即关闭电梯。

③司机、站务人员做好乘客服务工作，确保运营组织有序进行。

2）震后

①应急救援指挥部成员迅速到岗到位，实施对管内地震应急工作的统一领导，迅速了解震情、灾情，确定应急工作规模。

②各应急抢险队依据各自职责和应急救援指挥部的命令巡视检查设施设备运转情况，发现异常立即采取有效措施并上报。

③供电、工建、信号、通信、机电等专业人员进行区间、车辆段设备检查，并及时汇报检查情况，对受损设备进行抢修，尽快恢复运营秩序。

④电力调度员立即通过工作站确认供电系统运行情况，通知供电专业现场巡视检查设备，及时了解、报告供电系统受影响情况。

⑤环控调度员视情况开启相应的环控模式，确保车站及区间通风良好，检查所有车站、区间事故照明等应急设备是否正常，及时了解、报告环控系统受影响情况。

⑥站务人员对车站范围内客服设施设备进行全面巡视检查，发现故障及时采取措施并上报，故障未排除前，做好防护工作。

⑦及时向上级单位报告地震应急工作开展及运营组织情况。

2. 地震二级应急响应

1）震时

①运行控制中心行车调度员立即扣停在站列车并命司机开门待令。区间列车司机根据行调指示视情况限速25km/h运行到前方站台停车开门待令，列车司机严格按照限速行车，加强瞭望，注意确认车辆运行及设施设备状态，遇异常情况及时采取措施。若确认列车无法维持进站，执行乘客疏散专项应急预案。

②车辆段行车控制室调度员、检修调度员立即停止接发列车、调车、试车作业。

③车站确认电梯无人乘坐后，立即关闭电梯。

④司机、站务人员做好乘客服务工作，若停止运营，按站区长或值班站长的指挥引导疏散乘客，防止拥挤踩踏事件发生。

2）震后

①应急救援指挥部成员迅速到岗到位，实施对管内地震应急工作的统一领导。迅速了解震情、灾情，确定应急工作规模。

②运行控制中心组织全线列车限速25km/h运行；列车司机严格按照限速行车，加强瞭望，注意确认车辆运行及设施设备状态，遇异常情况及时采取措施。待上下行正线及折

返线均被列车限速压过，无异常情况后，及时报告应急救援指挥部，经应急救援指挥部批准后，发布命令恢复正常运行。

③各应急抢险队依据各自职责和应急救援指挥部的命令巡视检查设施设备运转情况，发现异常立即采取有效措施并上报。

④供电、工建、信号、通信、机电等专业人员进行区间、车辆段设备检查，并及时汇报检查情况，对受损设备进行抢修，尽快恢复运营秩序。

⑤电力调度员立即通过工作站确认供电系统运行情况，通知供电专业现场巡视检查设备，及时了解、报告供电系统受影响情况。

⑥环控调度员视情况开启相应的环控模式，确保车站及区间通风良好，检查所有车站、区间事故照明等应急设备是否正常，及时了解、报告环控系统受影响情况。

⑦站务人员对车站范围内客服设施设备进行全面巡视检查，发现故障及时采取措施并上报，故障未排除前，做好防护工作。

⑧公安人员、保安应重点做好运行控制中心、车站、主变电站、变电所等场所的保卫工作，加强对进出人员、车辆的检查，控制外来人员、车辆的进出，确保要害部位安全。

⑨及时向上级单位报告地震应急工作开展及运营组织情况。

3. 地震一级应急响应

1）震时

①运行控制中心行车调度员立即扣停全线列车，发布列车停运、清客、封站命令。区间列车司机视情况限速25km/h进站后开门待令，若确认列车无法维持进站时，执行乘客疏散专项应急预案，列车司机负责组织车上乘客向车站疏散。

②车辆段调度员立即停止接发列车、调车、试车作业。

③车站确认电梯无人乘坐后，立即关闭。

④司机、站务人员做好乘客服务工作，按站区长或值班站长的指挥引导疏散乘客，防止拥挤踩踏事件发生。

2）震后

①应急救援指挥部成员迅速到岗到位，实施对管内地震应急工作的统一领导，迅速了解震情、灾情，确定应急工作规模并上报上级单位，视灾情请求上级单位实施紧急支援。

②各应急抢险队及应急工作组依据各自职责和应急救援指挥部命令迅速开展应急工作，掌握各专业设备的震害损失、震害范围。组织制订抢险措施和抢险建议方案，做好抢险与救援工作。若通信中断应设法与外界取得联系，首要任务是疏散乘客、救助伤员。

③若乘客被困车站、区间，站务、乘务处置队采取一切可能的措施安抚乘客，组织乘客脱离困境，若出现极端情况无法与外界取得联系，优先组织乘客避险并等待救援，防止余震波及而造成人身伤害。

④优先抢修供电、通信设备，供电、通信抢险队迅速查清设备中断、损坏情况，按照"先通后复"原则，力争尽早恢复。

⑤抢修线路设备。地震发生后，地铁隧道结构受到损伤，道床、钢轨等可能出现扭曲变形、移位，严重时可能断轨等。工建抢险队及时检查线路，抢修被毁路段。按照先抢通

后恢复的原则，尽快恢复通车。

⑥抢修给排水设备。机电抢险队组织给排水专业人员迅速查清管路受损情况，应做好大面积断水的恢复供水准备，采取各种措施，尽快恢复供水。

⑦抢修车辆设备。及时协助站务、乘务处置队解救被困区间的乘客，将受损脱轨或颠覆车辆起复，而后在确保车辆安全的情况下采取有效防溜措施，防止受余震影响溜逸。

⑧站务人员对车站范围内客服设施设备进行全面巡视检查，发现故障及时采取措施并上报，故障未排除前，做好防护工作。

⑨运行控制中心组织各专业人员进行设备检查，并及时汇报检查情况，对受损设备进行抢修，在确保安全的情况下，尽快恢复运营秩序。设备受损情况不清时，严禁盲目开行列车。发生列车冲突、脱轨、火灾及人员伤亡等情况时，启动相应应急预案。

⑩按照先抢通后恢复的原则，运行控制中心得到各应急抢险队报告受灾设备基本具备运营条件后，组织全线列车空载限速 25km/h 运行，待上下行正线及折返线均被列车限速压过，无异常情况后，报告应急救援指挥部，经应急救援指挥部批准后，方可恢复运营。

⑪预防次生灾害。各应急抢险队组织相关专业人员对易发生水灾、火灾等次生灾害的设施和设备，采取紧急处置措施并加强监视、控制，防止灾害扩大，减轻或消除污染危害。地震发生后，地铁隧道结构受不同程度的损伤，因防水破坏和地下水状况改变，可能发生地下渗漏、河水倒灌等现象，此时应及时采取各种措施关闭防淹门、排水或堵漏，防止水患蔓延。

⑫公安人员、保安应重点做好运行控制中心、各地铁车站、主变电站、变电所等场所的保卫工作，加强对进出人员、车辆的检查，控制外来人员、车辆的进出，确保要害部位安全。

⑬及时向上级单位报告抢险救援及运营恢复情况；必要时向上级单位请求援助，协调指挥外援人员抗震救灾，尽快恢复地铁运营。

4. 应急结束

地震应急结束遵循"谁启动，谁结束"的原则，应急救援指挥部负责宣布应急结束，由运行控制中心向各部门发布应急结束命令。

地铁地震应急疏散演练如图 4-3-1 所示。

图 4-3-1　地铁地震应急疏散演练

? 学习与思考

地震发生后，应遵循什么样的原则开展应急处置？